一部改变女人思维的智慧宝典

幸福女人要懂的点金术

李光彩◎编著

石油工業出版社

图书在版编目（CIP）数据

幸福女人要懂的点金术/李光彩编著.
北京：石油工业出版社，2012.10
ISBN 978-7-5021-9271-6

Ⅰ.幸…

Ⅱ.李…

Ⅲ.女性—幸福—通俗读物

Ⅳ.B82-49

中国版本图书馆CIP数据核字（2012）第209334号

幸福女人要懂的点金术

李光彩　编著

出版发行：石油工业出版社
（北京安定门外安华里2区1号楼　100011）
网　址：www.petropub.com.cn
编辑部：（010）64250921　营销部：（010）64523603
经　销：全国新华书店
印　刷：北京晨旭印刷厂

2013年1月第1版　2013年1月第1次印刷
710×1000毫米　开本：1/16　印张：13.25
字　数：196千字

定　价：24.80元
（如出现印装质量问题，我社发行部负责调换）

前言
FOREWORD

用智慧为人生“点石成金”

女人天生具有如下优点：聪明，柔和，细腻，感性，有爱心，负责任，忍耐力强，富于情趣，想象力丰富，懂得欣赏美和艺术……但是，女人也有一个共同的弱点：理性思维能力差，经常抓不住要点。有时候，这个弱点因从事简单的工作而不会显露出来，或者为家人、同事、领导所包容而被掩盖，但有时候，这个弱点可能抵消所有的优点，使女人在琐碎的事务中投入大量的时间、精力和心血，得到的只是疲劳和微小的成果，甚至与矛盾和烦恼相伴，与失败和痛苦相随。

怎样去克服这个弱点呢？怎样使生活变得更简明轻松而有效率？怎样使人生变得更幸福、更有品位？那就需要学会“点石成金”的本领。在人生大事上，看准几个最关键的因素，将智慧用到最有价值的地方，那么，你就能化繁芜为简洁、化平凡为神奇，你的人生也会发生惊喜的变化，生活称心如意，事业顺风顺水，心情阳光灿烂。

对一个女人来说，有以下八件最重要的事：

第一件事：美的形象。无论多少人鼓吹“素面朝天”，无论多少人说外表并不重要，都别相信。美是女人的无形资产，无形却可化万有。世上原本没有丑女人，每个女人都有美的潜质，只不过有的人掩盖了它，有的人激活了它，那取决于开发美的方式。只要重视自己的形象而不是自暴自弃，用心经营，自然可以收获千般曼妙、万种风情。

第二件事：爱情。鲜花离不开阳光雨露，女人离不开爱情。爱情使女人的生命灿烂绽放，没有爱情的人生黯淡无光。擦出爱情的火花总是很容易，对大多数女人来说，让爱情保鲜才是真正的难题。但是，只要抓住要点，难题便不再是难题。

第三件事：知识。做一个知性女人，离不开知识。对众多受过教育的女人来说，最遗憾的事不是缺少知识，而是真正有助于提升智慧、能够解决现实问题以及丰富心灵世界、调适性情的知识太少。学习也是一件需要用心选择的事情。

第四件事：权力。拥有权力的人，是生活的主角，站在舞台的中心；没有权力的人，跑跑龙套，当当配角，理所当然。权力不一定是职务权力，最重要的是影响力。许多女人习惯于用唠叨、耍小性子施加影响，那并不明智，最重要的是拥有使别人甘心服从的能力。

第五件事：事业。女人在事业上的成功，最大的收获是自信。自信、自强、自立的女人，内心是阳光的，表情是柔和的，举止是从容的，自然散发出一种特殊的魅力。

第六件事：家庭。对女人来说，家庭不仅是一个安身的地方，也是一个精神港湾，经营家庭和经营幸福几乎是同义语。而女人的许多烦恼也来自家庭。对家庭足够重视，为家庭付出了很多心血，原本应该收获幸福，为什么烦恼多多呢？那是经营不得法的缘故。

第七件事：理财。今天是一个经济全球化时代，女人必须学会理财。有一句话说得好：你不理财，财不理你。假如在理财方面做得比较成功的话，也能收获无数乐趣。

第八件事：幸福。人性中最本质的追求是幸福，但是每个人的幸福的标准和含义不同。幸福跟自身拥有的物质条件有关，但不是必然相关，抓住要点，心灵世界才能绽放出幸福之花。

以上八件大事，每件事都有各自的经营要点，抓不住要点，可能空忙一生，只见开花，不见结果；抓住了要点，则可以点石成金、事半功倍、全盘皆活。

目录

CONTENTS

第1章　美的经营

——幸福女人形象升值的6堂必修课

◎美丽的价值究竟有多大 / 3

◎女人形象升值第1课：优雅与高贵 / 5

◎女人形象升值第2课：会笑的女人最美丽 / 11

◎女人形象升值第3课：吸引“眼球” / 17

◎女人形象升值第4课：标志理念 / 20

◎女人形象升值第5课：穿出风情 / 25

◎女人形象升值第6课：追求上乘品位 / 29

第2章　爱的哲学

——幸福女人爱情保鲜的关键因素

◎爱情是人生一项重大投资 / 37

◎一个关键问题：他值得你投放爱情吗 / 39

◎选择优质爱情：甜美恋爱三步曲 / 43

◎不要接受廉价的爱情 / 49
◎两种“明赚暗亏”的爱情模式 / 54
◎选择有升值潜力的男人 / 57
◎让你的婚姻不“破产” / 60

第3章　做个知性女人

——幸福女人“智力投资”的简易法则

◎做一个爱上知识的女人 / 67
◎用学习赢得机遇 / 70
◎修正学习观念 / 72
◎高速“充电”的方法 / 75
◎比读书更重要的学习：读懂男人 / 79
◎每个女人都要学会管理自己 / 83
◎提升解决问题的能力 / 87

第4章　当生活的女主角

——幸福女人主导人际关系的必胜策略

◎巧争“话语权”，突破人心 / 95
◎用言语打动人心 / 98
◎女人获得“权力资源”的六个观念障碍 / 103
◎先有“粉丝”，后有权力 / 106
◎修炼神奇领导力 / 111
◎打理好你的人脉资源 / 114
◎影响力：成为他人眼中的“高人” / 119

第5章　赢在职场

——幸福女人经营事业的6条原则

◎选定升值平台 / 125
◎进入主流群体 / 130
◎追求合理回报 / 134
◎做一个“超值”人才 / 139
◎遵守职场规则 / 143
◎不做终日劳碌的“宫女” / 148

第6章　经营快乐家庭

——成为家庭总设计师的秘诀

◎用爱心经营父母亲情 / 155
◎夫妻经营之道 / 158
◎巧妙经营亲友与邻里的关系 / 162
◎处理好与孩子的关系 / 165
◎经营一个温馨快乐的家 / 168

第7章　聪明理财

——幸福女人必修的理财课

◎理财之核：花钱买快乐 / 175
◎如何提高你的“财商” / 178
◎做聪明理财人，不做“最大笨蛋” / 181
◎财商 = 学商 + 智商 + 情商 / 186

第8章　女人幸福靠自己

——用智慧赢得幸福的主导权

◎幸福的源泉：欣赏 / 191

◎幸福的真谛：满足 / 194

◎幸福的基础：健康 / 197

◎幸福的救赎：心态 / 201

第1章 美的经营

——幸福女人形象升值的6堂必修课

美丽的价值究竟有多大

美的追求，是人类的基本动机之一。美国作家南茜·埃特考夫在《漂亮者生存》一书中说："崇尚美丽是人性中不可磨灭的基本部分，对肉体美的追求也是人类基因进化的动力。每一种文明都崇拜美，都曾付出巨大的代价追求美，并乐意承受追求过程中所衍生的悲与喜。"

可以这样认为，一个民族如果漠视美，必将导致整体退化；一个人如果放弃对美的追求，意味着生命激情的衰化。

美丽值多少钱？没有人能算清这笔账，因为它是无价之宝。

对女人来说，美丽的价值显而易见。

第 1 种价值：优先获得爱情

在人类社会，美丽动人的女性总是优先获得爱情。在文艺作品中，几乎所有享受甜蜜爱情的人都是美丽的女子和英俊的男子，对此很少有人提出异议。他们也可能像罗蜜欧与朱丽叶一样演绎出爱情悲剧，就像一只古董花瓶碎在地上，令人惋惜，令人心痛。"悲剧就是将美撕裂给人看"，这是文艺理论的观点。如果没有"美"，也许就无人爱看了。

第 2 种价值：优先获得机会

大家都说，不要以貌取人，但这不过是给相貌处于弱势者发的"安慰奖"。且看那些诱人的岗位上，站着一排排美女——空姐、高级秘书、模特、广告明星……几乎都成了美女美男的专利，一般人根本无缘问津。

至于一般的岗位，人事主管往往一本正经地宣称：本公司绝对唯才是举、唯德是用。但实际操作过程中，你就不得不相信"美丽就是竞争力"这句话的正确性。

不过，凡事都有例外，对那些普通的岗位，人事主管可能故意挑选相貌比较缺乏竞争力的人，对美女弃之不用，其用意是减少跳槽率，希望员工忠诚老实干到底。

亚里士多德说："美是比任何介绍信都有力的推荐。"这一结论，在大多数场合具有普适性。对打开机会之门而言，美的力量不亚于一辆坦克的威力。

美貌能提升形象。比如，老板身边伴着一个漂亮的女秘书，给人的感觉是他很有实力、很有品味。假如秘书都长成《丑女无敌》中的米琪那样，老板恐怕宁愿单独出行。

还有一个原因：美貌能激发团队的工作积极性。美国马萨诸塞州中心医院向10名年龄在21~28岁之间的正常男子展示了一些漂亮女人的照片，同时对他们的大脑活动进行监测，结果发现，这些男人像拿到钞票一样兴奋。可以想象，假设工作场合有美女，就能让异性的中枢神经兴奋起来，从而工作得更加卖力。

对商业单位而言，经济利益毕竟是第一位的追求，因此在选人时，会围绕这一目标进行综合评估，不会单纯考虑相貌。但是，在同等条件下，必定是漂亮者胜出。

第3种价值：优先分享利益

美貌能获得更好的机会，自然就有优先分享利益的权利。有资料显示，世界上最有名的10位模特中，最高的年收入是6000万美元，最低的年收入是2000万美元。号称韩国"第一美女"的金喜善，在为TCL集团推广其新型手机所做的广告中，身价是1000万元人民币；香港歌坛"天后"王菲为美国第二大门户网站Exeite打广告，酬金达到8位数。她们偶尔一展"仙容"，收益超过成百上千人奔忙一年，可见在美丽面前，人与人多么不平等！

在非特殊行业，相貌也左右着收入的高低。美国得克萨斯大学的丹尼尔哈默米什博士从不同国家收集资料，比较人们的容貌与其收入的关系。结果显示：在美国和加拿大，按平均收入计算，丑男比相貌一般者收入要低9%，而美男比相貌一般者收入要高5%。女人貌丑者比相貌一般者收入要低6%，而貌美者收入要比相貌一般者高4%。在中国，"美丑差距"更大，丑男比相貌一般者收入要低25%，美男比相貌一般者收入要高3%；

丑女比相貌一般者收入低31%，美女比相貌一般者收入高10%。

爱美，表明了人们追求美好生活的愿意，表明了人们努力创造美好未来的激情。可惜许多中国女性不明白这个道理，结婚后就放松了对美的追求；40岁以后就开始走“素面朝天”的路线；50岁以后开始“听天由命”，凑合着过日子；60岁以后放任自流，甚至开始对美发出嘲笑的声音。

外表的美丽已经成为个人综合竞争力的一项重要内容。假如长相不漂亮，该怎么办呢？其实用不着恐慌。美丽不是天然生成，80%靠后天造就。只要勤于修炼，都能成为人见人爱的漂亮女人。

女人形象升值第1课：优雅与高贵

美玉和石头摆放在一起，不需要鉴宝专家，人人喜爱美玉；优雅高贵的女人和外表平凡的女人站在一起，不需要评委，人人为美女心动。事实上，除非遇到特殊变故，一个优雅高贵的女人不太可能沉沦于凡俗之中，总会被人像“淘宝”一样淘走，倍加珍视。

女人的优雅与高贵，一半来自仪表，一半来自内心，由内而外，融为一体，不仅美，而且处处流露出迷人的韵味。看古装电影，你一眼可以看出谁是丫环，谁是贵妇，为什么？因为她们有着不同的韵味，从一举手、一投足中展现出来，从一颦一笑中散发出来，不需要伪装和表演，很自然地从日常生活的每一个细节中流露出来。

无论是银幕上还是真实的生活中，让人着迷的往往不是漂亮的女人，而是那些得体优雅、懂礼仪、有教养的女人。讲究仪表和修养的女人才会具有高贵的气质，温柔、典雅的女性才能散发迷人、妩媚的气息，彬彬有礼的女人能使自身的美焕发出一种特殊的魅力，而这一切是雅致、和谐与仁爱的总汇。

一位中年主妇觉察到自己的丈夫经常在家里夸奖他的女助手，她心里有些疑惑。于是开始每天描眉画眼、梳妆打扮，甚至不惜花了一大笔钱去做美容手术。谁知丈夫对她的精心装扮熟视无睹，仍然每天津津乐道于他的那位女助手。

妻子沉不住气了，开始打听女助手的背景，于是丈夫邀请妻子一同会见那位女助手。一见面，妻子大为吃惊，女助手既不年轻也不漂亮，而是一位头发花白、身材发福的普通妇人，但在言谈举止中透露出良好的教养，周围的人无不受到她的感染，这位妻子也抵抗不住她的魅力，十分急切地想和她交朋友。后来，这位妻子终于明白了，有内涵的美赋予一个女人的魅力是无可比拟的。

女人依靠外表可以“养眼”，依靠内涵可以悦心。内涵是沉积的智慧，智慧在一点点地雕琢着一个人，展现着一个人优雅高贵的魅力。

女人的美主要靠自我修炼，跟地域并无必然关系。只要你乐意进行以下五项修炼，你就能自享优雅高贵。

第1项修炼：道德修养

女人的道德，有三个很要紧的字，第一个是“善”字——真心希望他人快乐，真诚为他人的好运祝福，乐于为他人提供力所能及的帮助。一个善良的女人，内心散发着幽香，无论年龄、相貌如何，都能赢得他人真诚的爱。

有一个活泼好动的小女孩，滑雪时不幸摔折了腿，住进医院，躺在病床上不能动弹，度日如年，整日以泪洗面。病房靠窗的位置是一位慈祥的老太太，已快痊愈了，能够坐起来。老太太每天总要坐一会儿，观赏窗外的景色。小女孩羡慕地问：“您看见什么了？”于是，老太太给她描述窗外的景色和发生的一些趣事。小女孩边听边想象着外面美好的景物，不由得心旷神怡，心中的郁闷渐渐化为乌有。一个月后，老太太出院了。小女孩迫不及待地恳求医生把她换到靠窗的病床。她挣扎着欠起身，伸长脖子，朝窗外一望，惊呆了：窗外是一堵墙！小女孩震惊之余，感动得流下了眼泪。她明白了：老太太给她推开了一扇心窗！

善良的女人，用一颗心，创造与人共享的宝贵价值，她也因此值得他人珍视。

第二个是“敬”字——尊重每一个人，无论对方是男人、女人，还是老人、小孩，都保持足够的敬意。一个有教养的女人绝对不会像泼妇一样爆粗口、打人耳光。

敬意应该发自内心，而非虚情假意。所以，你需要一定的学问，弄清他人为什么值得尊重。没有教养的女人唯我独尊，对他人殊无敬意，因为她不知道每个人都值得尊重。“敬人者，人恒敬之”，你懂得尊重他人，也将赢得他人的尊重。

第三个字是“真”字——真心实意地对待他人。古人云：“百心不可得一人，一心却可得百人。”这个“一心”，是一颗真诚的心，而不是一颗诡诈百出的心。做一个真诚的人，不仅仅是为了得到一个好的形象，更重要的是，当你真诚面对一切的时候，你会发现自己的身心原来如此轻松，你也会不断地被一种愉悦的氛围包围着，你的内心充满宁静，“贵气”也自然地从你身上散发出来了。

第 2 项修炼：性情修养

女人的性情，以两个字为贵，第一个字是“柔”字。无论古今中外，女人仍以柔美为佳，一旦失去柔美，就不那么可爱。

有一个身穿名牌、打扮时尚的女孩，逛商场时，招来不少男人的目光。这时，一位男士推着购物车过来，不小心碰了一下她的脚，“美女”顿时变了脸，瞪了那人一眼，责问道：“你没长眼啊，怎么踩我两脚?”那人刚说了一句“对不起”，“美女”用细细的七寸高跟鞋狠狠踩了他一脚。那人愕然看了她一眼，想发怒，又忍住了，眼里露出鄙夷之色。其他人也对这个“蛮女”侧目而视，再也没有观赏的兴趣了。

女人的“柔”并不是软弱，而是力量内蕴的风格。“柔弱胜刚强”，这是《道德经》对“柔”字的理解，品性如水，看似柔弱，但无坚不摧。

第二字是“静”。没有教养的女人，整天叽叽喳喳、毛毛躁躁。有教养的女人，无论遇到什么事，都不失沉静的气度。“猝然临之而不惊，无故加之而不怒”，这种气度，女人通过修炼，也可以达到。

第 3 项修炼：文化修养

有修养的女人大都有文化、爱读书。读书，可以丰富自己，增长知识，提高品位。有一句西方谚语“you are what you read”，有人翻译成“什么人读什么书”，但更恰当的译法是“你读什么书，就会成什么人”。从一个人对书籍的态度，就可以看出他的性格、思想以及生活态度。

每天抽出点时间坐下来，品品香茶、读读好书，这样会在不知不觉中提高你的文化品位。“读一本好书就是与一个高尚的人交谈”，反之，读一本坏书就是跟一个趣味低级的人打交道，所以，不仅要读书，而且要读好书。只有自觉地提高文化修养水平，才能增加“贵气”，在提高自身素质的同时提升自我形象。

第 4 项修炼：艺术修养

优雅高贵的女人本身就是“艺术品”，但她的“艺术含量”完全靠自我积累。有空可以多泡图书馆，听音乐会，参观名书画展、艺术品展览，多参与一些文艺人士组织的活动。艺术作品蕴藏着丰厚的文化艺术内涵，凝聚着艺术家的思想、人生态度和价值取向，在欣赏艺术作品时，必然会受到精神的陶冶，同时也受到艺术家的人生观、世界观、价值观等方面的影响，倾心于艺术作品所描绘的美的境界之中，获得审美的陶醉和感情的升华。因此，要有意识尽可能多地接触内容健康、情趣高雅、艺术性强的艺术作品，如文学作品、音乐、书法、舞蹈、雕塑等，它们能提高你的文化底蕴和艺术修养，让你在不知不觉中受到洗礼。

第 5 项修炼：礼仪修养

在古代中国，礼仪是一门专业课，儒家“礼仪三千，威仪八百”，修习到了生活中的每一个行为细节，所以，一个儒士，哪怕他只是静静地站在那儿，你也可以认出他是一个儒士。而女人的礼仪教育主要来自家庭，举手投足之间，就能隐约看出一个女人的家庭背景。

但现代中国，礼仪只是一门“选修课”，绝大多数人直到大学毕业都没有受过必要的礼仪训练，就连喊“老师好”“老师早”之类的基本礼仪都被认为是搞“形式主义”。正是这门功课的缺失，使中国女人渐渐失去了“贵气”。礼仪是文明的产物，足以体现你的尊贵。一个优雅高贵的女人，必然是一个懂礼仪、有修养的女人。

在古代，“礼”是社会行为规范的总和，包括法律制度、日常礼仪、道德规范等。古人还提出了关于“礼”的四大原则：“非礼勿视，非礼勿听，非礼勿言，非礼勿动。”这四大原则，至今仍有指导意义：不合礼的不看，不合礼的不听，不合礼的不说，不合礼的不做。

做到这四条并不难，却非常考验人，对缺少教养的人而言，再简单的事也会变得很难。比如，听见有人谈论别人的隐私，按照礼仪规范，不应该听，你能忍住不听吗？背后的闲话，按照礼仪，不应该说，你能忍住不说吗？上班打私人电话、网聊，按照礼仪规范，不应该做，你能忍住不做吗？种种很简单的事，如果你能做到，生活中不知会减少多少芜杂之事，内心也会清静许多，你身上也会贵气盎然。

有人说：“扣错一个纽扣等于自己说错了一句话。”与礼仪有关的小事，没有表面看起来那么小，正如白玉上一个小疵点、女人脸上一个小伤疤，小而不小。专家总结了有损女人形象的20件事情：

（1）不修饰容颜。

（2）面无表情，不会微笑。

（3）目光冷漠。

（4）不说“谢谢”。

（5）不说“对不起”。

（6）没耐心倾听别人说话。

（7）喜欢打探和谈论他人隐私。

（8）争先恐后。

（9）入厕不关门。

（10）说话音量高。

（11）正式场合不穿礼服。

（12）办公室不穿职业装，而穿袒胸露背的时装。

（13）穿着过于开放。

（14）身体有异味。

（15）香水味过浓。

（16）在公共场所补妆、修整衣物等。

（17）不懂开会、行走、坐车、上下电梯的尊卑位次。

（18）饮酒过量。

（19）吃相不好。

（20）举止不优雅。

事实上，女人的小“伤疤”远不止于上面20条，多一条，就使女人的形象打一分折扣，克服一条，就使女人的形象增一分价值。为了给自己加分，你不妨这样做：

（1）让礼仪书成为床头必备书。

（2）先学习跟工作、生活比较贴近的礼仪规范。

（3）向优雅高贵的女人学习。

（4）打消“我爱怎样就怎样”的念头。不要把无礼的言行当成展示个性的手段，认为“我喜欢就好”，不是成熟的处世风格。

此外，礼仪是女人的最基本素养，法国时尚界泰斗安东尼德阿里奥夫人在她的经典之作《优雅》中告诉女人们：“只有在日常生活中保持别致、优雅和迷人仪态的女人，才称得上优雅。”不要只在公共场合才注意礼仪，而回到家里就完全忘记了礼仪。礼仪是一种由内而外散发的文化和气质，只有时刻保持，才能长久新鲜。

归根结底，女人的优雅高贵虽然洋溢于外表，却是内在智慧的闪光。女人可以不漂亮，但不能没有智慧。漂亮自然值得庆幸，但智慧是一件穿不破的衣裳，女性的智慧之美，胜过容颜，超越青春，修养与智慧并存的女人，是秀外慧中的女人，是动静皆宜的女人。时间可以扫去女人的红颜，但它却扫不走女人经过岁月的积淀而焕发出来的美丽。一个有修养的女人静若幽兰，芬芳四溢，不会随着岁月流逝而渐失芳泽，永远散发着无穷的魅力。

女人形象升值第2课：会笑的女人最美丽

有一句外国格言："一个人的微笑价值百万美元。"

美国成功学家卡耐基这样论述微笑的非凡价值：

它一文不值，却能创造出宝贵财富。

它能使接受者富足，却不会使给予者陷于贫困。

它发生于瞬间，但永存于记忆中。

再富的人也不能没有它，再穷的人也会因得到它而变得富有。

它能给家庭带来快乐，增进商业伙伴间的感情，也是朋友间友谊的标志。

它能让疲惫的人得到休息，给气馁的人以鼓励，使悲哀的人重新振作，是大自然中解除烦恼的灵丹妙药。

但它既不能购买，也不能索求；既不能借来，也无法偷走。

生活中，我们的一个微笑，对于一个身心疲惫的人来说就好像久旱逢甘霖。

对女人而言，微笑的价值更高。男人用才干和能力向世界证明自身的存在，而女人用微笑发出柔和温馨的声音，向世界展现自身的美丽。一个会笑的女人，无论相貌如何，一定是优雅迷人的，因为微笑是真、善、美的集中体现。

1. 微笑是女人最美好的面部表情

《诗经》云："巧笑倩兮，美目盼兮。"它描绘了一个女人美丽容颜的最高境界——脸上带着愉快的表情，满眼闪烁着笑意。《长恨歌》云："回眸一笑百媚生，六宫粉黛无颜色。"这又是另一种境界，笑容中含着诱惑。

无论纯净的笑还是迷人的笑，都具有难以言喻的吸引力和征服力。

微笑是一朵绽放的花，是女人最美好的面部表情。那些像太阳花一样绽放的微笑，说明你心情愉快，说明你拥有积极向上的人生态度，而你的心情会感染他人的心情，你的态度会影响他人的态度。一个时常微笑的女人，会友好地对待任何一个人，微笑写在脸上，心境也写在脸上。人们都喜欢和心情愉快的女人相处。因为他们能从你的表情里感受到你的快乐，也会跟着你快乐起来。

名模辛迪·克劳馥说："微笑是女人最好的化妆品。"如果你花很多钱买了漂亮的服饰、贵气的珠宝，还不能使自己更迷人，那还不如使用微笑来装扮自己。微笑不需要花钱，却能自然而然地显现出你的高贵气质。

2. 微笑是人际关系的润滑剂

在人际交往中，微笑可以展示你此时的心理状态，还可以消除初次见面时的不安。一个人如果整天带着一张好像背负着全世界所有不幸的脸，就会让周围的人不愉快。即使她身上穿的是名牌、时髦的服饰，也无法让人欣赏，因为她将内心的消极情绪暴露无遗。查理·威利说："挂上笑容，你才算是穿戴整齐。"

微笑本身就是价值，它也是最富感染力的表情，能够感染他人，并获得深层次的认同。

美国成功学家拿破仑·希尔曾多次谈到微笑的魔力，他还举了一个亲身经历的例子：一天，秘书告诉拿破仑·希尔，一位老妇人要求和他面谈，并递上了她的名片。来拜访希尔的人实在太多了，他像平常一样走了出去。老妇人站在走廊里，向他绽放出甜蜜的微笑。拿破仑·希尔看见过各种各样的微笑，但他从没有见过有人笑得像这位老妇人这般让人迷醉。受到感染的他，也不由自主地微笑起来。

老妇人伸出手来和他握手。两手相握的那一瞬间，拿破仑·希尔就缴械投降了。他告诉自己，无论这位老妇人提出什么样的要求，自己都会竭力满足。老妇人从容不迫的态度，给人的感觉是她拥有无穷无尽的时间，没有丝毫拜见名人的局促感。她告诉拿破仑·希尔："我之所以到这里来，就是想告诉你——在我看来，你所做的是这个世界上最美好的工作！"每说出一个字，她都会用力握一下拿破仑·希尔的手，注视着拿破仑·希尔的眼睛，仿佛一直看到他的内心深处。

在老妇人迷人的风度面前，拿破仑·希尔终于恢复了神志，他殷勤地打开办公室的门，彬彬有礼地鞠躬道："尊敬的女士，请进!" 在后面的45分钟时间里，拿破仑·希尔安静地聆听了这位老妇人充满智慧的谈话，一次也没有打断过她。

这就是微笑的神奇魔力!

一个发自内心的微笑，如同一个魔力磁场，能让两颗原本陌生的心迅速接近，缩短彼此的情感距离，让人产生"相见恨晚"的兴奋感，并形成融洽的交往氛围。

3. 微笑可以迅速消除对方的敌意

英国诗人雪莱说："微笑，实在是仁爱的象征，快乐的源泉，亲近别人的媒介。有了笑，人类的感情就容易沟通了。"微笑是世界上最柔和的表情，它可以向他人辐射和传递友好的信息，能化解人们脸上的冷漠，打开他人紧闭的心扉，也能冲淡他人心中深藏的敌意。

有一个故事：一天，当爱丽丝打开房门时，突然发现一个满脸凶相的男人，手持一把锋利的刀，正恶狠狠地盯着她。

短暂的惊讶过后，爱丽丝很快放松了心情。"你是推销菜刀的吧？朋友，你的刀真不错，我决定买一把。"她眨动着机灵的大眼睛，微笑着。她一边说，一边让男人进屋，"我过去有一位好心的邻居长得很像你，我很高兴能够认识你，不知道你想喝咖啡还是茶……"

凶神恶煞的歹徒变得十分腼腆。"谢谢，谢谢!"他尴尬地说。

故事的最后，可爱的爱丽丝买下了那把明晃晃的刀。男人接过钱，迟疑了片刻，转身离去。在走到门口的时候，他回过头来说："小姐，你将改变我的一生!"

生活中每天都会发生类似的故事，但结局却并非如此美好。爱丽丝为什么能化解那个男人的敌意？因为她对他心无敌意。在她眼里，他并不是一个歹徒，只是一个遇到麻烦的男人，而她愿意用友好的态度安抚他受伤的心，以减少彼此的麻烦。所以，即使在看似很危险的场合，她仍然能露出甜美的微笑。

所以说，微笑不仅是一个表情，它包含着一种丰富的内涵，传达出许多言语无法传达的信号，比如肯定、鼓励、关心、期待、尊重、爱惜等，此时无声胜有声，在微笑中，蕴含着一种能够激发善念和启迪心灵的力量。

4. 微笑是健康符号

当你的微笑自然而然地挂在脸庞，往往表明你处于身心愉快的状态。反过来，微笑又能反作用于你的身心，有利于促进个人的身心健康，因为笑口常开的人，往往会给自己一种心理暗示，并产生积极的反馈，可以克服抑郁寡欢、空虚紧张、委靡不振等不良情绪，使自己内心变得安宁、快乐。

你也许会想："每天都会遇到各种各样的麻烦事，工作的压力、岗位的竞争、家庭的矛盾、生活的焦虑，一大堆烦心事，怎么能笑得出来呢?"生活中确有许多不尽如人意的事情会发生，而且会接连不断，甚至超乎想象。但是，当你还能笑出来的时候，所有烦心事都不过是过眼烟云，一时迷目，总有烟消云散的时候。只有当你笑不出来的时候，烦心事才真正变成对你的伤害。

生命并不需要我们悲观地面对它，生活的过程中自然有各种不同的成分，酸甜苦辣都是滋味，尝尝都有别样的感受，如果生活只有一种味道，人生还有何趣味？所以，大可不必把所有的事都放在心上，而要调整好自己的心态，多想想事情阳光的一面，让自己笑起来。

一切苦乐的情境都有独特的价值，但都不会持久，只有你真实的内心世界才会伴随你的人生。当你在生活的压力面前难以展露出美丽的笑容时，不妨聆听一下一百年前伟大的俄国诗人普希金对我们的忠告吧！

假如生活欺骗了你
不要悲伤，不要心急
忧郁的日子里需要镇静
相信吧，快乐的日子将会来临

心儿永远向往着未来
现在却常是忧郁
一切都是瞬息
一切都将会过去
而那过去了的
就会成为亲切的回忆

5. 微笑可以增值

有人说：微笑是青春的防腐剂，微笑是女人不老的最永恒的法宝。

但是，微笑的“风气”如今似乎已经不太流行了，在公司里，有一脸严峻的老板、诚惶诚恐的主管、“苦大仇深”的员工，在家庭里，忙碌着饱经风霜的父母、“饱受欺压”的孩子，大家都板着脸，难得展颜一笑。

人们的笑容到哪儿去了呢？有一个故事可以告诉你，人们的笑容原来都藏在一个隐秘的地方：

道森先生是一个有着一身臭脾气的小老头，别人都不愿招惹他。他家的院子里栽着苹果树，树上结着全镇最好的苹果。但全镇的人都知道，他家的苹果摘不得，哪怕是掉在地上的也不能去捡。据说，如果道森先生看见你摘他的苹果，他会端一把小型汽步枪来追赶你。

一个星期五的下午，11 岁的小姑娘珍妮特打算到她的好朋友艾米家过周末，必须从道森先生家的门前经过。当珍妮特和艾米走到道森先生家附近时，珍妮特看见道森先生正坐在前廊里，非常害怕，建议走马路的另一边。艾米却说，道森先生不会伤害任何人。当她们走到道森先生的门前时，道森先生下意识地抬起了头，像往常一样紧锁着眉头，注视着眼前的不速之客。当他看到是艾米时，原本紧绷着的脸顿时绽开了灿烂的笑容。“哦，你好啊，艾米小姐，”他说，“今天有位小朋友和你一起走啊。”

艾米也对他报以微笑，并告诉他：她们将一起听音乐、玩游戏。道森先生说：“这听起来真是不错！”他还给她们每人一个刚从树上摘下来的苹果。两个小姑娘接过又大又红的苹果，心里高兴极了。

珍妮特问艾米为什么不怕道森先生。艾米解释说，她以前也很怕他，但她假设他是面带微笑的，只不过他的微笑隐藏起来了，别人看不见而已。所以，只要看见道森先生，她都会报以微笑。终于有一天，道森先生也对她微笑了。后来，道森先生还开始和她说话，两人的关系也变得很友好了。

最后，艾米说："我奶奶曾经告诉过我说，所有人都会微笑，只不过有些人的笑容隐藏起来而已。因此，我对道森先生微笑，道森先生就会对我微笑，微笑是可以互相感染的。"

每个人都明白微笑的价值，也乐意向他人报以友好的微笑。只不过，由于生活中的种种压力，人们的微笑就像宝藏一样被掩埋在心里了。如果你用自己的微笑发掘他人的微笑，那么，你的身边就会被温暖、友好的笑颜所包围。

6. 勤加练习才能笑得如花枝般灿烂

微笑不仅是一种魅力，也是一种能力，就像任何才能一样，需要经过训练才变得完美。

如何训练微笑呢？许多大公司对礼仪小姐和服务人员都有专门训练的课程，但你也可以通过自学获得微笑能力。有一位女士通过三个步骤，使自己可以随时展露迷人的笑容，从而成为美国保险业界的销售精英。

第一步：训练嘴形。

女士第一次去一家保险公司应聘时，人事经理告诉她："推销员必须有一张迷人的笑脸，而你没有。"

女士决定练出"一张迷人的笑脸"，于是，她每天对着镜子苦练笑脸，或微笑，或浅笑，"没事偷着乐"。经过一段时间的练习，她的嘴形已经变得很好看了，随时能展露笑颜。

第二步：训练表情。

女士第二次去同一家保险公司应聘时，人事经理告诉她："你的嘴确实笑得很迷人，可惜脸部肌肉还是过于僵硬。"

女士并不气馁，回来继续练习。她搜集公众人物的照片，细心揣摩他们迷人的笑脸，并对照练习。过了一段时间，她对自己的脸部肌肉已经能控制自如了。

第三步：训练心情。

女士第三次去同一家保险公司应聘时，人事经理告诉她："你的脸还不够迷人，因为你的眼神中没有笑意。"

女士回来继续练习。她发现，除非真的感到开心，眼神才有笑意。她练了很长时间，终于练到了对任何人、任何事充满好感的程度。她如愿以偿被那家保险公司聘用，并用屡战屡捷的业绩，成为那家公司的"超级明星"。然而，她最大的收获不是金钱和名声：由于她对任何人、任何事都有好感，她的生活中充满了阳光，她的周围遍布着友好的人，她过得比以往任何时候都开心。

当一个女人能随时展露迷人的微笑时，她对世界、对社会、对他人的理解必然已经通透，她对生活必然产生了自己的深刻领悟，善念必然已在她心中扎下了深根。可以说，微笑是一个女人送给这个世界的最好的礼物之一，价值何止"百万美元"？

女人形象升值第3课：吸引"眼球"

英特尔的前总裁格鲁夫曾预言道："整个世界将会展开争夺眼球的战役，谁能吸引更多的注意力，谁就能成为下世纪的主宰。"

他的预言惊人准确，今天确实已经进入了一个"争夺眼球"的时代，企业家们为了吸引人们的眼球，不惜工本，不遗余力。经济学家还创造了"形象经济""注意力经济"等新词汇，并对此进行了深入探讨。诺贝尔经济学奖获得者赫伯特·西蒙说："随着社会的发展，有价值的不再是信息，而是别人对你的注意力。"也就是说，进入网络时代后，信息不难获得，此时稀缺的是注意力。

所谓注意力，是指人们关注一个主题、一个事物、一种行为和多种信息的持久尺度。世界上信息量是无限的，而注意力是有限的，有限的注意力在无限的信息量中会产生巨大的价值。正如美国经济学家高德·贝博所说："获得注意力就是获得一种持久的财富。在新经济下，这种形式的财富使你在获取任何东西时都能处于优先的位置。财富能够延续，有时还能累加，这就是我们所谓的财产。因此，在新经济下，注意力本身就是财富。"

每个女人都是一个小社会，对女人而言，注意力不仅代表着财富，还代表成功、快乐、幸福、爱以及其他种种美好的东西。美国迪斯尼公司为什么愿花1800万英镑买下贝克汉姆的肖像权？因为他是"足球金童"，能够吸引全球球迷的注意力。TCL集团为什么愿花1000万元人民币请金喜善做形象代言？因为她是韩国"第一美女"，能吸引中国影视迷的眼球。而在企业界，许多令人羡慕的职位都属于那些"回头率高"的女人。所以，"注意力"是每个女人都无法回避的词汇。

如何成为众多女人中鹤立鸡群的那一个？如何在众多员工中脱颖而出？首先你要塑造自己的形象，吸引人们的眼球。无论你是个什么样的人，无论从事什么职业，在每一个场合，每一分钟里，只要有他人存在，你的一言一行、一举一动都在向他人展示着自己的形象。形象的价值在当今社会已经占据了重要地位。有时候，形象甚至比智慧和知识还重要。

如何提升自己的形象价值呢？

1. 自信是形象升值的第一要素

一个自信的女人必是一个神采飞扬、仪态万方的美丽女人，因为自信让你拥有一种特有的气质、一种具有震慑力的向心力，那是一种通过自身的文化素养和品格修养浑然而成的由内而外散发出的光彩，是一种强烈的吸引力。

自信的女人光彩照人，落落大方，灿烂的笑容里有一股凛然高贵的气息，她聪明灵慧、出类拔萃又不盲目自大。她胸有成竹的镇静，虚怀若谷的坦荡，游刃有余的从容，处乱不惊的大气，让人仰慕的同时又心生敬意。

有一些女人认为自信是一件很困难的事，因为她们身上总有这样那样的不完美。那么，如何变得自信呢？一则故事也许能给你很好的启示：有一个小女孩，对自己的相貌很不自信，所以她每次走在路上，都低着头，从不愿把头抬起来，怕人家说她丑。有一次，她在路上捡到了一只美丽的蝴蝶发夹，她偷偷地把它夹在头发上。她觉得自己因为这只美丽的发夹而变得漂亮了，不由自主地昂起了头，脸上露出开心的笑容。一路上，不时有人朝她微笑，她也朝他们微笑，她觉得她从没有如此的美丽过。她匆匆地赶回家，想看看她戴着发夹的样子有多么的美丽。这时，她才发现，那只蝴蝶发夹不知何时滑掉了。

这个故事告诉我们：每个女人都是自然造化的珍品，独一无二，不可复制。所以，每个女人都有资格保持充分的自信，只要你由衷地欣赏自己、接受自己。

2. 培养健康向上的性格

人们都很熟悉的香港金牌主持人——肥肥，可以说她拥有许多女性都无法接受的身材，但她并没有因此而悲观绝望、自叹自怜，而是乐观豁达地面对现实，把自己活泼可爱的一面淋漓尽致地展现出来。一直以来，她的发型是洋娃娃式的小卷发，服装风格是公主裙、背心裙，并饰有蝴蝶结、小花朵等颜色明快的少女风格，她懂得挖掘自己的个人魅力和风格，并将它保持，直至成为她独有的标志。事实证明，她的努力成功了，她活泼可爱的定位被广大电视观众接受并喜欢。

其实，每个女人都可以把自己最好的一面展示出来，塑造一个属于自己的形象定位。但是，一个心态消极的女人，每天不满于自己的状况，自怨自艾，怨天尤人，又如何能获得令人喜爱的形象？只有对生活充满着热情、有着健康向上性格的人，才会不断修行，努力锤炼出弥足珍贵的自我特性，从而赢得他人的倾情接受和真心喜爱。

3. 培养专业化的形象

干什么就要像什么，老板有老板的样子，主管有主管的样子，专家有专家的样子，演员有演员的样子……总之，专业化形象能让你赢得他人最大的信赖，也最容易获得成功。

有一家公司决定在内部人员中优选一个人事主管，通过考核和评估，确定了三位候选人：小曼、小茜和小蕾。为了公平起见，几位公司高管和人事部有关人员组成了一个审核小组，由大家各自打分，然后累计总分，择优录取。最后的结果是：小茜的得分遥遥领先，一举胜出。大家一致认为，小茜“一看就很职业”。

尽管这三个女孩几乎同时进公司，年龄、学历都差不多，但小茜显然要比另两个女孩成熟多了。她每天上班都穿着一身职业装，长长的头发用水晶发夹盘了起来，脸上画着淡妆，工作时不苟言笑，一副干练高效的样子。

小曼是同事的“开心果”，她喜欢穿娃娃衣，是个十足的“KIDULT”（孩童化的成年人）。她乐观开朗，心里藏不住事情，喜欢用笑话逗乐同事，连她的电脑屏幕都是蜡笔小新的图像。而小蕾则是个十足的熟女，举手投足间都显露出一种优雅和温顺。她常常一袭长裙，黑发披肩。看她一眼就知道她是个“乖乖女”，但在人们眼里，她只是一个美女，但不够“专业”，因此得分不高。

在生活中，无论你选择别人，还是别人选择你，都会考虑被选对象“像什么人”。如果你具备了专业形象和成功者的气质，你已经成功了一半。有些人可能会说：“在我从事某项专业和获得事业成功之后，我自然具备了成功者的形象！”但很遗憾，生活中的事并非如此，你首先要像什么人，然后才能成为什么人，所以，最好不要沉浸在“自我感觉良好”的形象设计中，最聪明的做法是：根据自己的事业进取目标，塑造一个成功的专业形象。

女人形象升值第4课：标志理念

企业创建品牌，有一个重要环节，建立“理念识别系统”，简称MI，是英文Mind Identify的缩写，意指体现企业自身特色、反映企业经营观念的价值观体系，包括企业理念、行为规范等，它是创建知名品牌的核心内涵。对女人而言，你能否风行于世，成为一个人人喜爱、予求予取的幸运儿，很大程度上取决于你能否创出一个至少在圈内知名的个人品牌。

创建个人品牌与创建企业品牌一样，要把握如下四个要点：

第一个要点：确立你的核心价值观

灵魂是什么？有人认为，是人的思想、精神，也有人认为，是一种虚无缥缈的东西。但比较可信的说法是：灵魂就是你的核心价值观。你拥有怎样的价值观，决定了你的思考与行为方向，决定了你的人生道路，决定了你将成为一个什么人。一个品格高尚的人，必然有着积极健康的价值观，如公平、正义、仁爱、友善等，她也拥有了一个美好的灵魂。

很多女人的价值观比较模糊，正邪并立，善恶相间，体现在行为上，也充满了矛盾，有时像个“好女人”，有时像个“坏女人”。如果你想创建个人品牌的话，首先要使价值观清晰化，使它成为你的“标志”。

人的价值观往往在童年时开始产生，经过后天的修炼，才逐渐清晰起来，并且相伴一生。以阿根廷的贝隆夫人艾薇塔为例，她出身卑微，有着梦魇一样的童年。她是一个裁缝母亲的私生女，受尽欺凌。当她那位不负责任的父亲去世时，母亲带着她和她的几个兄弟姐妹前去吊唁，被赶了出来，连灵堂都不让进去。幼时的屈辱经历养成了她坚定、刚烈、自尊、不屈不挠的个性，而且她对穷人充满了同情，并发誓成为“阿根廷的大人物”，为广大穷人争取权利。

成年后，美丽的艾薇塔成为娱乐界名星，并且结识了贝隆上校，并被他深深吸引，因为她坚信这个男人能够领导阿根廷，帮助所有穷人。两人结婚后，在艾薇塔的推动下，这对新婚燕尔的夫妇展开了大规模的宣传运动，为穷苦大众、失业者、单亲家庭、未婚母亲、无家可归者、无所依靠的老人谋福利，艾薇塔当仁不让地成为女性的代言人，为女性平等而呼号。

后来，贝隆上校当上了阿根廷总统，而艾薇塔成为“第一夫人”，她的杰出才华如鱼得水，为社会救济、劳工待遇、教育水平的提高而四处奔走，亲自前往工厂、医院和孤儿院，用春天般温暖的笑容慰问底层人民。童年的穷苦经历影响着她的政治方向，她决心改善底层人民的生活，成为

"穷人的旗手"。艾薇塔所到之处，受到广大民众的狂热欢迎，在很多人家中，她的画像与耶稣像并排贴在墙上。在穷人们的眼里，她是一位女神、一位仁慈的救世主。可惜这位风华绝代的"慈善天使"寿命不长，33岁便染上重症，像玫瑰一样凋谢了。

艾薇塔一生做过许多令人称道的事，但归根结底，她自始至终在做一件事，正像她自己所说——"为穷人燃烧自己的生命"。

一个女人，一生哪怕只做一件事，把它做好，做漂亮，做得无怨无悔，做出幸福感，就是一个很成功的女人了。但是，做一件什么事呢？创办一家企业？做好一个家庭主妇？或者像艾薇塔一样"帮助穷人"？这取决于你的价值观。只有确定了自己的核心价值观，你才知道什么事是你生命中最重要的事。

第二个要点：选定个人愿景

个人愿景即人生梦想、人生目标、人生志向，它如同一盏航灯，指引你在茫茫人海中沿着一定的路线前进，而不会在漫无目的中晕头转向。例如，周恩来年轻时的愿景是为"中华之崛起而读书"，艾薇塔的愿景是成为"穷人的旗手"。

当然，不是每一个女人都需要选定一个如此伟大的愿景，只要你认为很快乐、很有价值的事，无不可以成为你的愿景。有的女人终生大愿是成为老公的贤内助，有的女人最大心愿是培养一个杰出的儿子，有的女人却希望依靠自身努力成名成家，无论什么愿景，只要你觉得好，一切都很好。

第三个要点：把愿景"悬挂"出来

在企业界，把愿景"悬挂"出来，是建立"理念识别系统"的重要一环。如果你的愿景很高尚，就能赢得员工的拥护、公众的认同，从而产生强大的向心力，树立起良好的品牌形象。大凡事业成功的优秀组织，必有一个"深得人心"的美好愿景，例如：

迪斯尼公司——"让人们快乐"。

惠普公司——"为人类的幸福和发展作出技术贡献"。

玫琳凯化妆品公司——"给女性无限的机会"。

3M 公司——“创造性地解决那些悬而未决的问题”。

沃尔玛公司——“给普通百姓提供机会，使他们能买到与富人一样的东西”。

……

对个人而言，把你的愿景“悬挂”出来，既能产生强烈的心理暗示作用，也能给自己带来无穷的压力，从而产生绵绵不断的动力。例如，美国前总统克林顿 17 岁时，因学习成绩优异，得到美国白宫青年奖章，到白宫去见美国总统肯尼迪。回来后，他买了两张画像，贴在自己的房间，还写下了这么一段话：“我今年 17 岁。我发誓这一生一定要成为美国总统，服务美国民众。”他把愿景“悬挂”出来了，不仅他自己知道日后的人生将要做什么，他的家人也知道了他的志向。

女人以含蓄为美，不过，只要你的决心够大，也可以大胆地把愿景“悬挂”出来，让身边的人知晓。当然，如果你不愿承受太大的心理压力，把愿景写在比较私密之处，只让自己一人知道，也未尝不可。

第四个要点：围绕目标做事

女人都爱幻想，心思如天马行空，倏来倏往；又如天上浮去，变化无常。但愿景不同于幻想，它是一条人生道路，一项终生任务，一个远大目标。在日后的人生中，你自然要按任务要求做事，努力创造实现目标的条件。下面不妨举一个例子：

玛格丽特·撒切尔从小聪明伶俐，学习成绩优异，每次考试她几乎都是位居第一。她穿着整洁，彬彬有礼，非常注意自己的形象，而且特别自信。在一次诗歌朗诵比赛中，9 岁的她得了第一名。女校长亲自为她颁奖，并祝贺她说：“你很幸运。”没想到，这个美丽、倔犟的小女孩回答道：“这并不是幸运，是我应得的！”

父母对她寄予厚望，要求极其严格，父亲罗伯茨从来不能容忍她说“我不能”，他的“口头禅”是：“如果事情困难，那就更有理由去做！”而母亲给她的教诲是：“一件事情如果值得去做，那就值得做好。”父母的高标准、严要求，影响了她一生。10 岁时，她就确定了从政的远大目标，她甚至公开宣称：“政治已融化于我的血液之中。”

玛格丽特·撒切尔不只是说说而已，此后，她一直努力积累“政治资本”，为成为一个政治家创造条件。考入牛津大学后，她是校内的活跃分子，参加了学校的保守党俱乐部，并且很快成为该俱乐部的主席。每到星期五晚上，这个协会就举行娱乐活动，接待内阁大臣，请他们演讲。玛格丽特·撒切尔因此结识了众多保守党知名人士，她的组织能力和辩论才能也由此得到了锻炼和提高。

大学毕业后，玛格丽特·撒切尔曾在一家塑料公司当过化学师，后来又跳槽到莱昂斯公司当化学实验员，但生活境遇并未使她放弃成为政治家的目标，她的目光始终盯在政治舞台上，她参加了当地的保守党协会，继续参与政治活动。年仅24岁的她作为保守党达特福区候选人参加竞选，虽被工党所击败，但她的顽强毅力和过人精力给人们留下了深刻的印象，人们从她身上看到，一颗政坛明星即将冉冉升起。后来，她成功当选为保守党领袖，当一位记者请她谈一谈胜利后的感想时，她又一次自信地回答说：“因为我用心去做了，所以胜利必然属于我！我受之无愧！”

多年后，玛格丽特成功当选为英国首相，并且连选连任，创造了英国政坛两次连任的奇迹。她以思想敏锐、才华过人、作风果敢、意志顽强而被誉为“铁女人”的称号，享誉世界。

玛格丽特·撒切尔从少女时代似乎就不是一个凡庸之辈，这不仅仅是因为她的聪明才智，更是因为她的毅力。从10岁起确定从政目标，终生不改其志，这样的人天下少有，她的脱颖而出也自在情理之中。

一个女人有能力做许多事，有可能实现许多心愿，在人生旅途中，也会遇到各种机遇。但是，你的生命有限，你用于实现目标的时间有限，所以，你实际能完成的事很少，也不可能抓住每一个机遇。如何用有限的生命创造最大的价值？最好的办法是，锁定目标，舍弃其余，集中精力于一个目标上，如此，你就可能实现人生的重大突破。

女人形象升值第5课：穿出风情

一位知名美国女记者说："如果你穿错了衣服，没有人会告诉你；如果你不懂得搭配，没有人会告诉你；如果你的头发不整，没有人会告诉你；如果你的鼻毛伸了出来，没有人会告诉你；但是，人人都会看在眼里，记在心里，这些细节正在诋毁着你！"

你的形象就是你的第一张名片。心理学家指出，人和人在交往的初期，对方给你的评价主要取决于关键的几分钟，至少是前30秒。在此期间，你不可能有机会展示你的学历证书、职称证明和简历，你能展示给人的只是你的外表，而衣着在外表中占据着重要的位置，人们视觉感受到的也几乎就是服装。英国女王曾在给威尔士王子的信中写道："穿着显示人的外表，人们在判定他人的心态以及形成对这个人的观感时，通常都凭他的外表，而且常常这样判定。因为外表是看得见的，而其他则看不见，基于这一点，穿着特别重要……"一个人衣着整洁、典雅，如同在向他人暗示"请相信我，我是有修养、有能力的"，从而为自己赢得更多的好感和机遇。

对女人来说，衣着更为重要。按照传统观念，男人可以凭才干弥补形象的不足，而女人不雅的形象，几乎无可救药。今天是"眼球经济"时代，"以貌取人"的观念并未改变，反倒得到了加强。看一个女人，如同看一本书，首先看封面，如果封面没有什么可看，就难以吸引人看下去。书店里有很多内容不错但封面不够精彩的书，只能静静地躺在一角。世上也有许多内心散发着芬芳但外表缺乏吸引力的女人，只能孤芳自赏。

如何穿出风情，提升他人"阅读"你的兴趣？请注意以下四大要点：

第1大要点：拥有一两套"王牌"衣服

"王牌衣服"是指绝对适合你、穿出去可以充满自信地出席任何场合的衣服。

女人们有一个通病：看见新样又便宜的衣服就想买，买回来穿一两回，觉得不合身，就永久封存，其结果是钱没少花，到了关键时刻，翻箱倒柜，一件让自己觉得体面的衣服都找不出来。与其这样，不如省下钱来，攒几套“王牌”衣服。

相对来说，男人买衣服理性得多，钱没多花，总有穿得上身的，到了关键场合，男人个个都有“钻石王老五”的派头，反倒把女人比成了寒室小丫。所以，女人不妨学学男人，提升服装档次，而不一味追求服装的数量。

第 2 大要点：内衣一定穿舒适的上等品

在非正式场合，女人穿衣自然可以不讲究“王牌”，但是，外衣可以稍打折扣，只要合身，品味雅致，中、低档品也无妨，但内衣却一定要选用舒适爽体的上等品。

穿上等品内衣，不完全是为了显示品味高雅，最重要的是为了获得良好的心理暗示。假设你身穿上等品外衣，内衣却很糟糕，你便感觉到自己不过是在伪装，于是，你变得不那么自信，小心翼翼地掩饰着自己，唯恐露出破绽。反过来，你的外衣比较普通，内衣却是上等品，在享受贴身的舒适感的同时，还能改善心态，你不怕坦露自己，不需要藏藏掖掖，你会觉得，“我只是不想显示自己而已，除非遇到我喜欢的人，我才会给他看我最好的一面”。于是，你就有了一种“一切自在掌握中”的自信。

第 3 大要点：不求最贵，但求最好

聪明女人坚持“穿贵不如穿对”，聪明女人在衣服的选择上，不会刻意求贵，不会非哪个品牌不买。“不求最好，但求最贵”绝对是失败的购衣策略，花了钱却没有体现出与之相应的品位，投资和收益不成比例。此外，衣服的生命力毕竟有限，就算是出自名家的香奈儿，反反复复穿了两三年后，再次拿出来，也时过境迁成了“文物”。聪明女人的购衣准则是：衣服不一定是最贵的，但一定与自己的气质融为一体。

“不求最贵”与拥有“王牌衣服”的观点并不冲突，所谓“王牌衣服”，不是以价格来衡量，以是否最适合你为准则。如果无助于提升你的形象，就不成其为“王牌”衣服。

第 4 大要点：学会服装搭配

聪明的女人，总能很经济地把自己打扮得很漂亮，赚足别人的眼光。因为她们掌握了服装搭配的诀窍。每个女人的长相都有优点，把优点展现出来就是成功，其关键在于服装的巧妙搭配，以实现全方位的协调、平衡。

（1）服装与体形、容貌相配。例如，旗袍穿在身材匀称、修长的淑女身上，可增强美感，而矮胖型的女性穿旗袍，只会自露缺点。不同脸形、容貌的人在服饰上的要求也不一样。例如，一个性格外向、相貌甜美的女孩子，穿上中规中矩的黑色系套装，将会使她的开朗性格禁锢在沉闷氛围中，给人不和谐之感。

（2）服装与年龄相配。服饰也要有年龄感，例如，色彩明艳的服装，视觉跳跃性较强，视野空间比较广，可以给人以热情与振奋的感觉，给人以青春明艳的感觉，适应于年轻女性的年龄特点。色彩柔和的服装，色彩跳跃不大，给人感觉平稳，较适于步入中年的女性。而色彩趋于灰暗的服装，则适合于年纪较大的女性穿着。

（3）服装与季节变化相配。在寒冷的冬天，服装的颜色都会偏深，因为深色的衣服在心理上会让人觉得暖和；而在春天，大自然色彩丰富，服装色彩更应体现的是柔和；在炎热的夏季，衣服的颜色应该偏浅，那样会给人以凉爽的感觉。

（4）服装与个性相配。每个女人都有鲜明的个性，服饰的最高境界就是充分表达个性。例如，有的人性格开朗、热情好动，服装的色彩不妨鲜艳一点，对比度可以强一点，装饰线条和图案也可以明朗一些；有的人性格温和、理智，服装以柔和色调为佳，图案也应该简单利落。一个性格开朗、不拘小节的女子，不适合穿冷色调的衣服，因为不仅和女孩的开朗性格不能达到和谐、统一，还会影响到她的精神面貌。总之，在这个强调个性化的时代，你没有必要用服装掩盖你的个性，而应该有效衬托出你与众不同的特性。

（5）服装和环境相配。在特定的环境里，女性应配以与之相适应、相协调的服饰，以取得和环境协调的美感。在办公室里穿一套随意性极强的休闲装，在会议场所穿一双拖鞋，或者在绿草如茵的运动场穿着严肃的职业套装，在健身俱乐部穿一双高跟鞋，这样的服饰都会因环境的特点而显得极不协调。

以上只是服装搭配的五个基本原则，而变化万千的服装搭配艺术不是三言两语可以说尽的，你需要不断学习，向行家请教，从那些衣着得体的女人身上汲取经验。提升形象不是简单的事，用心才能升值。

第 5 大要点：认识色彩的力量

衣着精致、价值不菲，如果色彩选择不当，也可能使你失色不少。你也许经常发现，相同色彩的衣服穿在不同的人身上，产生的效果完全不相同。别人穿着好看的衣服，不一定就适合自己，原因是别人选对了颜色，而这些颜色并不适合你。

如何选对色彩呢？弗朗索瓦丝·玛莱莎的《不会失败的衣着》一书中提出了一个原则：拥有自己的基础色。在令人眼花缭乱的各种色彩中，一定有某种色彩最适合你，以此为中心来搭配衣服、包和鞋子，整体上达到统一，你的着装就不会失败了。

那么，如何选择你的基础色呢？这不能由喜好决定。许多人不愿相信，自己喜欢的色彩居然不适合自己！

选择基础色，要看它跟你的人体色是否协调。人体色包括皮肤色、毛发色、唇色、瞳孔色，也就是通俗意义上的脸色。皮肤是人体色中面积最大的色彩，所以在确定人体色时以皮肤色为主。个人的色彩属性是与生俱来的，即便是晒黑了，变老了，这个属性也不会有太大的改变。一般的判定标准是，以黄为底调的人为暖色调，以蓝为底调的人为冷色调。暖色调的人选择服装时要以黄基调的颜色为基础色，如橘黄、棕红、淡黄绿色等；而冷色调的人选择服装时要以蓝基调的颜色为基础色，如玫瑰红、紫色、蓝色、粉色等。

除服装颜色要与自己的肤色相协调外，妆面、头发及饰品也要与自己的肤色相一致。此外，还应该注意色彩之间的搭配，搭配方法一般有以下三种：

（1）近似色相配。指两个比较接近的颜色相配，如：红色与橙红或紫红相配，黄色与草绿色或橙黄色相配等。绿色和嫩黄相配，就给人一种很春天的感觉，可爱的、青春的味道很强烈。

（2）强烈色配合。指两个相隔较远、对比很强烈的颜色相配，如：黄色与紫色，红色与青绿色，这种配色比较非常强烈。色彩和色彩之间的反差很大，在进行搭配时应先衡量一下，你是为了突出哪种颜色的服饰。不要把沉着色彩和厚重色彩搭配，例如：深褐色、深紫色与黑色搭配，这样会和黑色呈现“抢色”的后果，令整套服装没有重点，整体表现也会显得很沉重、昏暗无色。而如果是白色与紫色搭配，效果却会很好，紫色的效果会更加明显。

（3）补色配合。指两个相对的颜色的配合，如红与绿，青与橙，黑与白等。补色相配能形成鲜明的对比，又能相互融合，有时会收到较好的效果。

你也许会觉得：掌握穿衣服的艺术太难了！

其实，说难不难，有一个简单办法可用：尊重眼睛，尊重感觉。

每个人都是天生的艺术家，有很强的艺术鉴赏力。例如，在听歌、欣赏艺术作品时，你也许不能像专家那样讲得条条是道，但你的感觉却跟专家差不多。穿衣服也是如此，你或许不能讲出许多理论，但你的审美能力却与生俱来。如果你认真审视镜子里的自己，自我感觉良好，那么你的形象一定不会太糟。如果有三个人夸你的衣服穿得漂亮，那么，你此时的穿着一定已经很有艺术了。

女人形象升值第6课：追求上乘品位

每个女人都可以很迷人，但不是每个女人都可以成为品位女人。

品位有艺术属性，艺术代表着精致、精巧和精微，代表着人类想象的高度。艺术往往在细微处传神，蒙娜丽莎一个微笑，迷倒了古往今来的亿万人。

女人的品位也在细微处体现，不是简单的细节，而是隐约可见、无迹可寻的细腻，如同美玉的光泽，虽不耀眼，但却直入人心。

如何提升品位？你需要像对待艺术品一样，细心地照料自己。高品味的女人，生活优雅、精致、有情趣、有格调、有追求、有意义；品味低的人生活随意、敷衍、粗鲁、低俗，对生活往往也没有多高的要求，得过且过。两者的差距，主要就在于是否用心。

下面是一些品位女人的成功经验：

1. 不过廉价的生活

你可以没钱，但不能没有品位。也许你认为，有钱人才有权谈品位，品位高雅、精致优雅的生活，只是有钱人的享受，比如打高尔夫球、听音乐会、弹钢琴、穿品牌服装，都要有雄厚金钱的支持。但是，那些打高尔夫球、听音乐会、弹钢琴的女人，都是品位女人吗？不一定。有钱人可以过高质量的物质生活，但不一定能拥有高品位的精神生活。你捧着一本小书，蓝天白云下，坐在嫩绿的草坪上，享受着清风、阳光，并不需要花多少钱，但你也可以体现自己的高品位。

品位是一种生活态度，是你观察事物、看待事物时的眼光，跟物质的丰富程度并无必然关系。同样的东西，被不同的人选择，会表现出不同的品位。穿衣就是一个很好的例子，同款的衣服，有的人穿出来非常漂亮，就像专为她定做的一样，有的人穿出来，却把身材的缺点暴露无遗。价格不菲的衣服穿在某些人身上，感觉像是便宜货，甚至有人怀疑她是借来的，而某些人却能把便宜货穿出高贵的感觉。

当然，品位跟物质也不无关系，一个高品位的女人，并不排斥物质生活，但她懂得如何享受物质生活。她对待物质的态度是：

（1）骨子里有“精品意识”，绝不过“廉价生活”。有些女人专好买廉价的仿名牌，结果没有占到名牌的便宜，反而降低了自己的品位。品位女人相信自己的眼光，不被名牌迷惑，简单说，她追求自己认为好的东西，而不是廉价的名品。她的眼光独到而挑剔，从款式、材质、颜色到工艺、线条，样样都要合乎心意。假设她买不起，宁可不买，也不放低自己的标准。

（2）了解自己的一切。品位女人了解自己的身体特点，了解自己想要什么，了解什么东西最适合自己，因此，她不会在那些夸夸其谈的专家和巧舌如簧的导购小姐造成的假象中迷失了自己。

（3）特立独行。品位女人从不一味地追赶潮流，她坚持自我，按自己的艺术眼光生活，其结果是，她成了被追赶的潮流，她的服装款式、生活方式等，成了别的女人们模仿的内容。

2. 不轻率地对待自己的容颜

妆饰自己的容颜，可说是作为女人的天赋义务，在古代，这项义务甚至被明确列为礼仪规范。女人"四德"——"德、言、工、貌"中的"貌"，不是要求天生漂亮，而是要求修饰自己的容貌。

现代提倡"女性解放"，于是，许多女人走"素面朝天"的路线，把妆饰容颜这项义务也"解放"掉了。女人的容貌和男人的事业，都是需要认真对待并且努力做好的事，当女人普遍不重视自己的容貌、男人普遍不重视自己的事业时，意味着整体素质的下降。

作为一个追求品位的女人，妆饰自己的容颜，不是为了讨得他人的喜欢，而是为了表达对自己的尊重。当然，除非你从事某些特殊职业，一般以轻柔、优雅的淡妆为宜，浓妆艳抹毫无必要。如果你是职场女士，化妆的主要目的是为了给人清爽亮丽、潇洒典雅、精神抖擞的感觉，且又衬托肌肤和神韵之美，只需淡妆就足够了。身为女人，如果没有美化自己的能力，就如同士兵不会使用武器一样，无疑是一个缺憾。

3. 尽量保持优美身材

年轻的女人往往身材比较优美，无论偏瘦或偏丰，都不失青春的韵味。随着年岁渐长，尤其是结婚生子之后，要保持少女般的身材显然很难，但尽量使身材变化小一点，使之尽可能优美，则是不难办到的，其方法是坚持锻炼和科学饮食。一位法国美容专家这样说："不要小看一个能够长久保持优美身材的女人，这通常是一个顽强和很有自制力的女人。"为什么这样说呢？你能不能保持优美身材，取决于你能不能克服自身惰性和不良饮食习惯，这需要顽强的精神和很强的自制力。所以说，女人美丽的身材不仅仅是美丽的问题，其中还折射出诸多的女性内涵与素养。

4. 使用优质香水

著名的香奈儿女士曾经讲过一句惊世骇俗的话："不擦香水的女人没有未来，一个衣着优雅的女人，同时也应该是一个气息迷人的女人，没有味道的女人没有未来。"

在一个小小的香水瓶中，容载的不只是感染人们的绵绵不绝的气息，女人的情绪、风韵、温柔、率真都隐于其中，朴实而简单地表达了内涵的丰富与心绪的多元。这其中，有"零落成泥碾作尘，只有香如故"的婉约动人，有"倚门回首，却把青梅嗅"的娇媚多情，有"化作春泥更护花"的缠绵与缱绻……香水与女人，充满了无尽的暗示、遐想与魅惑。总之，一个品位女人，应该终身与香水为伴。

不过，请注意，无论你喜欢什么香型或品牌的香水，一定要选用优质品。香水被称为"液体钻石"，只有优质品才能尽显你的贵气。

5. 用饰品表达你的审美情趣

女性不一定要使用饰品，如果使用，一定要把你的审美情趣表达到位。现在饰品的种类非常多，有头饰、手饰等，这类配件是纯装饰性的；还有围巾、腰带、手表、手袋、鞋子、丝袜等，这类是具有很强装饰性并兼有使用功用的饰品。如何让饰品产生"画龙点睛"的效果呢？

（1）注意饰品的多重使用性。即选择在色彩上可以与两件以上的服装搭配的饰品，或者选择质地上能配合两季以上服装的饰品。这样不仅可以省钱，也能搭配出更多的变化。有些饰品就只能进行单一搭配，成本就比较高了。

（2）宁缺勿滥。有品位的女人，不会为了炫耀而使用饰品，更不会把很多饰品堆在自己身上。艺术往往是简约的，而不是纷繁复杂。假设你不知某种饰品是否使用恰当，宁可不用。

（3）考虑饰品的隐喻意义是否恰当。比如珠宝、金银佩件，它们的价值和光泽隐喻了富有、华丽；象牙、石质、木质饰品隐喻较强的厚度、质感和温度；水晶、玻璃等饰品有透明、明快、纯洁以及清凉感，在选购和使用时，你要考虑这些是否是你需要的元素。

（4）考虑饰品与体形的关系。饰品是人体重要部位的装饰元素，以恰当为宜。比如说，身材矮小的人适于用细小的项链，不适于用粗大或长长的挂件；身材矮小、粗壮的人，不宜使用露在身外的腰饰，而身材苗条而高挑的人适于使用各种佩件。

（5）考虑消费能力。美是自然的艺术。选择你能轻松消费的东西，符合自然原则；你勉强购买给你带来沉重经济压力的东西，哪怕是为了追求美，也不合适。一个品位女人，必然是浑身散发着自然气息的女人，所以，请务必谨记并领会“自然”二字，时刻追求自然之美。

第2章 爱的哲学

——幸福女人爱情保鲜的关键因素

爱情是人生一项重大投资

爱情是人生的一项“重大投资”，对女人而言，其重要级别似乎比男人更高，因为女人的“折旧率”高于男人。

所以，女人的“爱情投资”决策并不是做得越迟越好，当你年过30岁再考虑爱情与婚姻，成为“剩女”的风险就会大大提高。

有的女人明白这个道理，但仍然很无奈地成了“剩女”，为什么呢？因为信息不畅。有一个漂亮女孩，才华出众，在一家大公司从事一份高薪工作，但她就是嫁不出去。不是不想嫁，而是她确实是找不到般配的对象。她的工作岗位很重要，每日忙于事务，又处于一个相对固定的地方，交往圈子太过狭小。所以，放着这么好的条件，就是没办法把自己“推销”出去。父母替她着急，想托人帮她找对象，她又不肯，就这样一直拖下去。

像这样因交往圈子狭小、本身很优秀却嫁不出去的女人不在少数。有的女人向环境投降，随便在圈子里找一个，尽管不尽人意，只好认命；有的女人难耐寂寞，不惜卷入是非的旋涡，选择有妇之夫当“替代品”。这都不是正确的做法，可以预见，日后极可能后悔莫及。

此外，在职业圈子内交友，还可能存在某些意外的风险。职场是竞技场，是事业成长的地方，每个人都可能成为你的对手，即便是合作很好的搭档，也可能突然变脸，他知道得越多越容易攻击你，你暴露得越多就越容易被击中。而且，将私情带到工作中，还可能影响工作效率，并影响上司和同事对你的评价和态度，所以，很多公司明令禁止办公室恋情。

那么，怎样推销自己才算合适呢？最好的办法是扩大搜索范围，增加信息来源，在圈子外寻找恋爱对象。一方面，你可以扩大交往范围，将更多的业余时间用于不同形式的派对活动；另一方面，主动寻求他人的婚姻介绍，或求助于专业的婚介机构。

调查显示，81%的单身白领曾通过朋友或同事的介绍进行相亲，47%曾与父母推荐的异性见面，10%参加过征婚活动。在经人介绍、相亲、婚介所、报纸征婚等传统渠道之外，网络交友、电视交友、都市交友俱乐部等带着更鲜明的时代特征的交友方式也应运而生。由此可见，因社交圈狭窄而造成的恋爱难已成为一个普遍性的问题。消极等待缘分肯定不是解决问题的好方法，为了爱情，绝对值得你投入大量时间。

现在，经济学又诞生了一个新名词——“相亲经济”，并且形成了一个个与相亲有关的产业链。对于“相亲经济”，中国社会工作协会婚介行业委员会总干事王伟明对《中国经济周刊》表达了自己的理解：“这是在现代快节奏生活工作压力下，青年男女因为社交范围的局限而选择‘相亲’来解决个人的婚恋问题。婚介机构提供两种服务：一种是古代红娘式一对一的介绍；另一种是由婚介机构组织的各种活动，小型的如旅游、聚餐，大型的就如‘浪漫盛典’这样的大型交友活动。”

有人总结了当今婚介市场的三大趋势：

趋势1：“网络红娘”唱主角

网络已成为当代中国的“第一红娘”，不仅每年可撮合数万对陌生男女进入婚恋状态，而且，这种虚拟的“鹊桥”正在成为中国互联网不折不扣的朝阳产业。

事实上，国内婚恋网站的商业模式一直备受关注。尤其在近两年，随着海内外资本的大规模抢入，以及网民网络征婚需求的增加，这个新兴行业更是变得炙手可热。受美国婚恋网站成功所刺激，国内婚恋网站从2005年起风起云涌，至今已先后涌出300余家大大小小的交友网站。其中，仅在包括嫁我网、百合网、中国红娘网、世纪佳缘等各大婚恋网站上注册的网民就超过2000万。

趋势2：相亲回归熟人介绍

以前相亲活动以“万人相亲团”“旅游相亲”最为惹眼，但以后，两者都将不再走红，前些年走红的“父母相亲会”也遭遇了滑铁卢，双方父母心急如焚，子女们却不温不火，对这种相亲方式极为抵触。

面对尴尬，小区交友、社区介绍以及亲友“包办”成了时尚男女的新选择。这种新型的“包办婚姻”和传统有所不同，这种形式只是采取父母亲友“打前站”的方式，让亲友了解对方的人品、家庭、收入以及爱好等各方面信息，至于是否投缘，还由当事人本人说了算。一名通过“新包办婚姻”找到理想的另一半的先生表示：“通过这种方式找到的婚姻对象，往往是父母所认可的，并且能和自己志趣相投，可以省却很多的人际烦恼，不失为一条通向婚姻的幸福捷径。”

趋势3：婚介将更诚信，虚假广告将得到扼制

很多征婚者对“婚托”十分厌烦。以前，婚介所随便找个对象，安排约见服务，每见一次，婚介所都要征收双方的服务费。为了防止“婚托”，终于出台了行业规范：会员在同一天内不得安排两次约见，遇到特殊情况需要安排的，必须保留双方书面保证；双方约见完毕，应由客户双方共同在《服务记录》上签名认可，收取约见服务费后出具发票。为了杜绝过度“润色”的征婚广告，还要求婚介机构刊登广告用语要规范，不得虚构信息和夸大内容；婚介机构不得以交友、觅友等形式刊登征婚广告。

恋爱是人生大事，为了让“有情人终成眷属”，不仅父母重视、媒体重视、政府重视，商家更是以此为绝大商机，那么，风华正茂的你，怎么能不给予关注呢？

一个关键问题：他值得你投放爱情吗

男人最怕选错事业，女人最怕投错爱情。

每一个女人都不难把自己嫁出去，关键在于，他是不是你的“真命天子”？你会不会后悔今天的选择？所以，你需要对那个男人进行全面考核，然后作出冷静判断。

1. 男人的想法

美国的专家们曾向11名个男性作过调查，以研究男性的内心世界，得出了几个重要结论：

（1）男人以身为男人而自豪，同时又感到负有一种责任感。他们认为一个男性必须是强有力、自信、独立的，感情上能自我控制，当受到伤害或感到痛苦时能够自持，甚至为此付出代价也在所不惜。他们重视社会地位，同时感到作为一个进取者的不容易，因此内心处于一种既想有所作为、又担心能力不足的矛盾之中，时常感到很大的压力。

（2）男人喜欢女人具有这样的品性：热情、善良、和蔼、文雅、温柔、能体谅别人。不喜欢女人具有这样的品性：无条理、感情用事、卖弄风情、公主般高傲、歇斯底里、恶毒、泼辣、好斗、举止招摇、过于依赖。

（3）大多数男人认为爱情高于性关系，反对不严肃的性关系。也有的人认为爱情是一条锁链，束缚了自己。在对待婚姻问题上，他们普遍认为这是人生的一条必由之路，希望结婚并保持他们的婚姻。大多数结了婚的男性都满意自己的夫妻生活，认为婚姻给他们带来了温暖、安全、稳定和同舟共济的生活。很多人认为妻子是自己最好的朋友，随着共同生活的趣味不断增长，性对他们的刺激反而会下降，但这并不影响他们对妻子的感情。

但是，也有少数男人看待自己、看待女人、看待爱情与婚姻的想法不一样，对渴望稳定的爱情与婚姻关系的女人来说，这些“另类男人”都是危险分子，最好不要列入选择范围。

2. 从走路姿势看男人的个性

不同的走路姿势体现着人们不同的个性，下面几种解读供参考：

（1）步伐急促的男人，是典型的行动主义者，大多精力充沛、精明能干，敢于面对现实生活中的各种挑战，适应能力特别强，凡事讲求效率，从不拖泥带水。

（2）步伐平缓的男人。这类男人走路时总是一副慢腾腾的样子，别人无论说得如何急他都不在乎似的，这是典型的现实主义派。他们凡事讲求稳重，“三思而后行”，绝不好高骛远。如果他们在事业上得到提拔和重视的话，也许并不是他们有什么“后台”，而是他们那种务实的精神给自己创造的条件。

（3）走路身体前倾的男人，大多性格温柔而内向，见到漂亮的女性时多半要脸红，心情苦闷也不愿向人倾诉，独自默默承受。但他们为人谦逊，一般都有良好的修养，态度严谨，不苟言笑，从不花言巧语，非常珍惜友谊和感情。

（4）走路如同上军操、步伐齐整、双手有规则地摆动的男人，意志力较强，对自己的信念非常专注，他们选定的目标一般不会因外在的环境变化而受影响。这种男人往往最让女人倾心，也最让女人讨厌，因为他们一旦看上某个女人，就会非追到手不可，只要你答应他，他愿意每天拉着人力车来接送你。他们对事业也相当执著，一旦成了领导，往往比较“独裁”，有时甚至会不惜牺牲代价去达到他个人的理想和目标。

（5）踱方步的男人，性格非常稳重，往往涉世很深，了解人情冷暖。他们面对任何困难都保持清醒的头脑，不希望被任何带有感情色彩的东西左右了自己的判断力和分析力。为了保持自己的尊严，他们对自己的身体形态进行严格控制，很难笑口常开。虽然别人敬畏他们，可在一人独处时却感到压抑。

3. 从用钱态度看男人的品性

在不少男人的眼光中，金钱不但是一种财富，而且是他们的权力和力量的象征，也是衡量成功的一种尺度。所以，观察他们对待金钱的态度，就可以窥见其部分内心世界。

（1）频频送礼物给女友的男人，既害怕失去对方，又不愿意付出太多的感情。于是，就利用物质的力量来填补感情的匮乏，这说明他的情感经常处于一种自我矛盾的状态。

（2）有意无意地要求女方负担约会费用的男人，严重缺乏安全感，希望别人以各种方式给他作保证，而他“立于不败之地”。和这种人谈恋爱，女方很容易陷入一厢情愿的境地。

（3）对金钱斤斤计较、能和别人因为五毛钱而争得面红耳赤、却肯花大钱买最好的音响或古董的男人，对感情可能同样势利，不肯吃亏，而且喜欢吹毛求疵。

（4）使用欺诈手段获取钱财的男人，对感情也不太可能忠诚。

（5）很穷却爱摆阔的男人，喜欢金钱胜过任何感情，为了钱，有时会牺牲和别人建立起的关系。

（6）经常叫穷却很阔绰的男人，贪得无厌，总认为全世界都对不起他，要应付这种人是十分伤脑筋的。

（7）吝于送人礼物的男人，不懂得享受施予的乐趣，对待感情也同样自私，只想被爱，而不想去爱人。

（8）负债且生活不稳定的男人，不善于处理生活和感情，理财能力和自制力也很差。

（9）金钱观淡薄、常借钱给朋友的男人，对金钱有正确态度，对感情也相当忠诚。

4. 从小事上看清男人的真面

如果你有幸结交了一位男友，那么，你怎样才能知道男友是否可以继续相处？你只要留心观察，就能看清他的全部底细。

（1）去他家看一看他的生活方式和生活用品。他的家里摆满书还是挂满球赛优胜奖状？是否摆着与家人的合影？不经消毒您敢用他的卫生间吗？家里零乱不堪还是整齐有序？如果他生活的环境让你喜欢，你通常也会喜欢他这个人。

（2）看看他交的朋友。朋友圈最能反应一个人的品位。你不可能喜欢他所有的朋友，但如果你不喜欢他的大多数朋友，这就提醒你他不适合你。此外，如果他只有异性朋友而没有同性朋友，你要特别当心，可能他时常感到来自同性的威胁，需要在异性面前坚定自信心。

（3）约会时带上亲友的孩子。他如果嫌孩子麻烦，拒绝对孩子的亲近，那他很难成为好父亲。如果他喜欢小孩，乐于与孩子交谈，甚至趴在地板上与孩子一起游戏，他将来无疑能成为一个好父亲。

（4）看他的时间观念。约他 8 点会面 9 点才到，说明他没把你放在心上。

（5）听他说什么。在自己女友面前充满温情地谈自己的家庭，这种男人最能打动女士。他希望你与他共享欢乐、分担痛苦，这将是可靠的伴侣。只顾滔滔不绝，不顾您是否感兴趣，这种人比较自私。还有一类男人喜欢对别人品头论足，看不起任何人，听信传言，甚至对别人的遭遇幸灾乐祸，这种男人趁早离他远点。

（6）看他如何评价以前的女友。讲女友坏话的男人靠不往。

（7）见见他的母亲。对母亲不好的男人，不太可能爱自己的妻子。如果男人过分依恋母亲，就失去了男子汉气概。

（8）看他对自己的工作是否满意。男人对工作的态度可以折射出他对生活的态度。凡在工作上稍不顺心就跳槽的男人，一旦夫妻关系出现波折，很可能选择逃避而不是积极解决问题。

（9）他是否精神健康。爱讽刺别人的男人，无缘无故发火的男人，一点小事就会为难餐厅服务员、卖场售货员的男人，精神方面潜藏着隐患，最好尽早避开。

选择优质爱情：甜美恋爱三步曲

“哪个少女不怀春”？渴望爱情，是人类的本能。但爱情不是路边的野花，而是心中的玫瑰，哪能唾手可得呢？也许，你想要爱的温暖，却被失控的烈焰灼伤；你渴望及时的关爱，却被遗忘在寒冷的冰窖。聪明的女人，只要爱情，不要滥情，更不要伤情，她就像一枝荷塘中央的莲花，尊贵庄严，只可追求，不可亵玩，她拒绝苦涩的爱，但她知道怎样用真爱谈一场甜美的恋爱。

如何经营一场甜美的恋爱？有三个步骤：

第一步：你真的爱他吗？

有一个让女人们争论不休的问题：你愿意嫁给你真爱的人，还是真爱你的人？

这个问题难倒了许多缺乏经济头脑的女人。假设换一种方式提问，你也许比较容易选择答案：你宁愿购买你真心喜欢的东西，还是别人真心想推销给你的东西？

除非你被推销员的花言巧语说晕了头，才会买下他想推销给你的东西。只要头脑尚有三分清醒，一定愿意购买你真心喜欢的东西。

所以，当你决定是否跟某个男人恋爱之前，首先要确定一件事：你真的爱他吗？

有时候，女人会被“好感”所迷惑。她知道自己喜欢一个人，但无法确定是好感还是爱。如果将好感误作爱，匆匆忙忙地和他恋爱，日后可能发现是不恰当的情感投入，因而心生悔意，使两个人的感情都受到伤害。

如何确定你对他的感情是好感还是爱呢？社会心理学家洛兵研究出了一些简易标准，在测定时，可对心目中某位特定的人物，测定其是否适合哪些项目。

好感测定标准是：

（1）和他在一起时，两人的感受或想法总是不谋而合。

（2）我觉得他是个适应能力很强的人。

（3）我极想推荐他承担起某种责任。

（4）我觉得他是个很成熟的人。

（5）我非常信赖他那卓越的判断能力。

（6）我相信一般的人只要认识他就会对他产生好感。

（7）我觉得他和我非常相似。

（8）如果班级或团体内要进行选举的话，我想投他的票。

（9）我相信他是一个很快就能够获得尊敬的人。

（10）我觉得他是个非常有理想的人。

（11）在我所认识的人中，他是最令人满意的。

（12）他是我理想中的那种人。

（13）我认为他要受到表扬是轻而易举的。

爱恋测定标准是：

（1）如果他沉沦的话，我最先想到的是去鼓励他。

（2）无论什么事情，我很快就能够容忍。

（3）他的缺点我很快就能够容忍。

（4）只要是为了他，无论什么事情，我都能替他去做。

（5）我强烈地想独占他。

（6）如果不能和他在一起，我会感到很不幸。

（7）寂寞时，脑海里最先出现的念头就是想见他。

（8）对我来说，最大的关心之一，就是他的幸福。

（9）一般的事情，我都能原谅他。

（10）我觉得自己对他的幸福负有责任。

（11）在一起时，只要注视着他，就会觉得时间过得很快。

（12）他向我说任何实话，我都会感到非常高兴。

（13）我绝对不相信和他会擦肩而过。

假设上述每一项为1分，你累计一下得分，就知道对他的好感有多少，或者爱他爱到了什么程度。如果只是“有点爱他”，建议你不要轻举妄动，还是先接触一下再说，也许他并不是你的“真命天子”。如果你非常爱他，甚至爱到10分以上，产生“非他不嫁”的念头，就别再犹豫，准备和他恋爱吧！

第二步：发送爱的信息

按照传统观念，女人不应主动向男人示爱，应该由男人主动向女人求爱。在电视访谈节目中，主持人常问名人夫妇谁先向对方示爱，多数是男人先向对方示爱，也有人争着说对方先向自己示爱。由此可见，传统观念并未从人们的头脑中消失，男人求爱，女人将一直占有一定心理优势。

此外，让男人主动求爱，可以使他更忠诚。在男人心目中，主动作出的承诺理当遵守，而被动接受的条约可以随时撕毁。主动求爱等于主动作出承诺，这绝对不只是一个先后次序问题。

但是，不是每个男人都有影视剧中唐伯虎的那副厚脸皮，如果不能确定女方是否爱自己，通常不会贸然求爱。从好的一面来说，这是负责任的表现，也体现了对女性的尊重——那种不考虑女方感受、纠缠不休的男人，不过是为了“征服”女人，尊重是谈不上的。

为了鼓励男人采取主动，你有必要向他发送爱的信息：

（1）简明的一招——赞美他。当他做了一件他很得意、你很欣赏的事，由衷地说“你真行”“你真棒”，他在扬扬得意的同时，也感受到了你对他的关注和重视。这是女人必学的一招，不仅可用在恋爱中，也可用在各种人际关系中。当然，这一招只是说明你对他的好感，并引起他的注意和好感，而不是表明你对他的爱。

（2）小诱惑——在他面前弯腰拣东西。相隔别太远，也别太近，以 1 米到 1.5 为最佳。这是一个性感动作，带有一定诱惑意味，可能让他为你而心动。

（3）羞涩。在心爱的男人面前，女人常会产生羞涩感。你没有必要运用自己超强的心理素质抑制羞涩，不妨让它自然表现出来，你的羞涩会让男人怦然心动。

（4）眉目传情。用目光凝视他，传送“我喜欢你”的信号，一般来说，多次凝视比长时间凝视更好。如果持续注视他 10 秒以上，可能让他感觉不自在而心生反感。所以，不要傻乎乎地瞪着他，可以多次跟他目光相接，凝视片刻，随即移开目光，如果带一点羞涩的表情，效果最好。目光移动不是从横的方向，而是向下方自然地移开。当你和不很喜欢的人眼光相接时，可能会下意识地往一旁移开视线，讨厌的话，整张脸都会往旁边转开。这是否定与漠视的信号。对喜欢的人，视线相接后，略低头移开视线，反复数次后，就能将“我喜欢你”的心情传递给他。你还可以用目光传送其他信息，比如，他遇到麻烦时，你可以用目光表示你的“担心”，当他迟到、稍微受伤或被上司斥责时，用一种“你还好吧”的眼光看他。而当他跟其他异性说话时，试着以“哼，干嘛那么亲近”的眼光看他，表情也可稍带嫉妒。

（5）谨慎地进入亲密空间。如果你总是远远地欣赏他，不易让他产生心灵感应。你想与他关系变亲密的话，最好是缩小两人的距离，但不可轻率，必须小心谨慎地逐渐接近，假如你跟他的关系并不亲密，突然靠近到可以感觉到他呼吸的距离，可能会吓他一跳，同时感觉你非常轻率大胆。

你需要判断，在什么时候，可以与他缩短至多少距离？

一般来说，只要伸出手，指尖便可触及的距离，是保持朋友关系的距离；即使伸出手也无法触及对方的距离，是谈公事或闲谈时保持的距离；只要微摆动一下身体，便可碰到对方身体的距离，是恋爱距离；更接近的话，是能抱住对方身体的“亲密接触距离”。在电影院或公交车上，你很容易跟他非常接近，但没有象征意义，以上所说的亲密距离，是指两人单独相处时的距离。假如你不能确定多远的距离合适，也可以尝试“闯关”，假装无意地向他接近。如果他很不自在，会不由自主地移开；如果他轻松，说明他欢迎你的靠近。

（6）试探。有时候，你可能觉得他的态度摇摆不定，似乎对你有情，又似乎对你无意，让你大伤脑筋。这时，你不妨试探一下，逼他“表态”，比如，单独接触的时候，假借别人之口说话：“前些日子，有人看见咱俩在一起，说咱俩在谈恋爱呢！”这时候，他可能有肯定、否定、不置可否三种态度，根据他的反应，你很容易判断他是否有意跟你谈恋爱，以及他心目中你俩是什么关系。如果他不置可否，说明他还拿不定主意，你不用逼他进一步表态，不妨等以后再说。

（7）逼迫。如果你确定他爱你，但迟迟不肯表态，就有必要逼一逼了。假如，你跟他单独相处时，看见别处有一对卿卿我我的恋人，你可以借景生情：“瞧，人家那一对儿，多么令人羡慕！”有的女孩故意跟别的异性表示亲近，想逼她钟情的男人表态，这种方法比较危险，他可能误以为你真的爱上了那个人，为了表示对你的尊重，可能悄然退却。究竟用什么“逼法”，并无一定之方，需要你聪明地判断情况，拿出创意来。

第三步：掌握爱的节奏

你跟他的恋爱关系明确之后，不要一下子进入热恋状态，应该掌握合理的节奏，从初恋慢慢进入热恋。好比温火煲汤，时间够长，才能煲出一锅鲜美的好汤。火太急了，滋味就出不来了！如何煲爱情这锅汤呢？有一些小技巧：

（1）约会时偶尔迟到几分钟。你可以故意迟到几分钟，但千万不要养成习惯，迟到的时间也不宜过长，5～10 分钟为最佳，还要记得说一句话：

“对不起，我来晚了！”为什么要这样呢？不能让他太省心了。“得之不易方知珍惜”，你迟到了，他心里必然产生种种猜测，甚至会有种种担心，他付出的“心理成本”越高，对你越珍惜。这个道理，跟买东西相似，你付出的价钱越高，就越会去珍惜。

有必要提醒的是，你最好别受“心理成本”影响，有的女孩明知男友不好，却不肯放弃，因为她为他操心太多，“心理成本”太高，如果放弃，就太亏了。但是，接受一个不理想的伴侣，才是最大的亏损。

（2）他来抱你了，躲一躲。他像老虎一样朝你扑来，怎么办？虽然你很喜欢他的拥抱，也别主动送上前去，有时不妨故意躲一躲，顺便帮他理理衣服，或者扫一扫肩膀上的灰尘，这叫“刚柔并济”。

（3）接吻时要拒绝一下。初恋时，你的吻不能让他想得到就得到，尤其是湿吻，能不让吻就别吻。但还是要安慰他一下，比如吻一下他的脸，不必太重，点到为止。

（4）用口香糖对付他。随身携带口香糖或其他甜品。当他性冲动并向你提出过分要求时，笑着给他塞一片，调皮却又不失尊严，而且有一种不可侵犯的感觉。

（5）“初夜权”绝不可轻易交出。有时，男人因性冲动，会用语言逼迫你：“难道你不爱我吗？”不要用性表示你的爱，因为这不是真爱。你交出“初夜权”的速度跟他珍惜的程度成反比，所以，拖得越久越好。如果留到新婚之夜才交给他，他对你的忠诚度将达到最高。

（6）给予他一定自由度。不要刚开始恋爱就限制他的自由。男人如沙，你攥得越紧，它流失得越快，你五指放松，它反而“乖乖地”伏在你的手掌上。所以，给他一定的时间，给他足够的自由，这样他会始终以你为圆心，随时陪在你身边。

能够给男人以自由的女孩为什么会吸引他们呢？因为在某程度上这些女人肚量比较大，有如母性般包容自己，男人会因这种魅力而变软弱并最终会回到你的身边，这才是真正聪明的女孩之所为，这要比那些牢牢将男友抓在手里，最后却害得男友“落荒而逃”的女孩要聪明百倍。

（7）共渡难关，分享感动。当他遇到困难时，跟他一起共渡难关；分享你和他的喜怒哀乐。如此，他会真切感受到，你是一个可以共度一生的女人。

不要接受廉价的爱情

不要把自己随便塞给一个男人，这是对女人们的忠告。爱情应该是美好的、甜蜜的、珍贵的，如果你对爱情不肯用心、太过随便，一旦遇人不淑，你的爱情就会变成丑陋的、伤痛的、廉价的。

每个女人自从情窦初开后，就会在心中期盼着“白马王子”的出现，并且对他有种种构想：他有怎样的眼睛，他有怎样的发型，他有怎样迷人的口才，他的身姿多么潇洒……有时候，这种构想带有幻想成分，有时候，又非常现实，反应了内心的真实渴望。假设女人总是按自己的真心选择恋人，一般不会有太大的偏差，但是，女人有时会被四溢的春情弄混头脑，可能一时冲动，把自己随便塞给某个男人，于是，她离麻烦越来越近，离爱情越来越远。

如何让你的爱情“保值”和“增值”？前提是不要选错男人。当你遇到以下几类男人时，一定要千万当心。

1. 梦想家型

梦想家型的男人是“思想上的巨人，行动上的侏儒”，他们自命不凡，对自己的前程通常抱有不切实际的想法，对世界、对社会、对人生的认知非常浅薄，凡事看得简单，因为他们从来不动手去做，故而不知其难。他们认为自己有才华、有发展潜力，应该得到声名和财富，却不屑于脚踏实地的工作。总之，他们在做人做事方面都非常欠火候，却常有怀才不遇的念头。他们也许偶尔会小有成功，可是所赚的钱永远不够自己花。

2. 坏学生型

坏学生型的男人既无梦想，也无野心，只想开开心心享受生活，劳心费力的事越少越好。他可能顽固地拒绝工作，也可能把每一个好不容易找到的工作砸掉，把每一个好不容易到手的机会浪费掉。其结果是，假如他的父母不是家财万贯，他开开心心享受生活的愿望终归无法实现，然而他从不反省自己的生活态度，总认为自己是无辜的，有错的是他唯利是图的老板、是他噩梦般的童年，以及人情凉薄的社会和现实势利的他人。

3. 骗子型

骗子型的男人是不负责任男人中最肮脏的一种。他们天性爱说谎，而且他们有时自己也会把谎话当成真实的，而且把高明的说谎视为自己的聪明、智慧，所以心理上从来没有罪恶感或是悔恨的负担，当他把你骗得死去活来、痛不欲生时，可能会对你说一千个“对不起”，但每一个“对不起”都是谎话。奇怪的是，这种男人通常都很活跃而有魅力，具有让女人盲目爱恋而又死心塌地的奇异能力。

有一个女士，过腻了按部就班的婚姻生活，恰在此时，一个骗子型男人来到她身边，自我介绍说名叫“成吉浩然”，是成吉思汗的后人。然后，他给她讲起了一些家庭秘史，有的是他在书上或电影上看过的，她被震住了，不由得对这个貌不惊人的男子刮目相看。然后，他海阔天空地闲谈，把她迷住了。

随着交往的增多，女士对他更是崇拜。有一天，他自称身上长了一个瘤子，活不长了，为了表达他对她的爱，决定将一个祖传的玉雕赠送给她，作为最后的纪念。女士被感动得热泪盈眶，决心凭自己的力量拯救他。她瞒着丈夫，拿出一笔钱给他治病。他却假惺惺地拒绝，说什么自己已看破生死，不必浪费她的钱。如此一来，她更想救他，将家中十几万存款全部打到他的账上，把自己的身体也慷慨奉献了出去，最后甚至为他挪用公款数 10 万元。

终于有一天，东窗事发，女士因挪用公款遭起诉，这个骗子男人也落入法网。原来他不过是市郊的一个农民，警察抓住他的时候，他使用不同的名字，跟 3 个女人分别同居，行骗的手法大同小异，都是诈称古代帝王之后。

骗子型男人不一定都像故事中这个老骗子一样胆大妄为，多数骗子型男人虽然骗财骗色，但并不敢惹上官司麻烦，你自愿献上财色，他心安理得地享用了，但没有证据表明他是个骗子，顶多可以说他“吃软饭”、对爱情不忠诚。

4. 花花公子型

花花公子型的男人往往有情调，魅力十足，会讨女人欢心。“猎艳”是他的一大爱好，而且他身边从来都不缺少女人。尽管他对感情从来缺少忠诚，却往往给人用情至深的印象，以至让女人痴迷不已。

例如唐代风流才子元稹，写出了“曾经沧海难为水，除却巫山不是云”这等至情至性的好诗，多少年来感动了无数的男女，当然更是倾倒了他身边的无数才女。第一个被她摘走芳心的是才女崔莺莺（不是《西厢记》里的崔莺莺），3 年后，他为了自己的前程，辜负了莺莺，娶太子少保的女儿韦丛为妻。韦丛本是名门千金，从小锦衣玉食，婢仆成群，嫁给元稹后，甘愿与他共度清贫生活。起初元稹对她很是体贴，但他汲汲于仕途，对妻子越来越冷淡，有时甚至将仕途的不如意发泄到妻子身上。从小熟读女经的韦丛除了隐忍还是隐忍，但她的隐忍并未唤来元稹的关爱，因长年营养不良、身心疲惫，韦丛带着对命运不公的感叹，香消玉殒。不久后，元稹又与才女薛涛结了一段露水姻缘。仅仅过了两年恩爱的日子，元稹又在江陵纳安仙嫔为妾，再后来又续娶裴淑。

对花花公子型的男人来说，女人的痴情只是他心目中的“当得利益”，永远不会对女人心存感激，自然也谈不上忠诚。所以，除非你以短暂的爱为满足，否则千万不要爱上这样的男人。

5. 大男子主义型

大男子主义型的男人从骨子里对女人有一种性别上的歧视，没有起码的人格尊重。你为他做的一切，他都认为是理所当然。在家里，他只知道颐指气使，别指望他帮你分担家务，也很难从他那里得到关爱，有些缺乏教养的男人甚至会以暴力对待妻子。

有一个女孩，交了一个“大男子主义”的男友，她每天帮他做很多事，而他懒得几乎连喝杯水也要女孩去倒。刚开始，女孩对于男友的霸道丝毫没有察觉，因在热恋中，她本来乐意为他多做些事情，但有一次，她却被彻底地敲醒了。

这天，女孩来到男友家，照旧帮他收拾收拾房间，洗洗碗筷、衣服，而男友一直打着游戏。忽然，女孩一不留神把碗打碎了，手指被碎片割伤，疼得叫了一声。男友听到声音，一直等游戏暂告一段落，才随口问了一句："怎么回事?"女孩说"碗打破了，手割出血了"。男友"哦"了一声，仍继续打游戏。女孩的手流血不止，想找创可贴，但找不到，就问："我的手还在出血，你把创可贴放在哪儿了?"

男友一面继续他的游戏，一面说："你在小柜里找找，应该在那里。"

"没有，我找过了。"女孩有点儿生气，心想：你只顾打游戏，也不过来关心一下。

男友仍头也不抬地说："那你在抽屉里找找看。"

女孩这时忽然明白了：这绝对不是一个可以与之共度一生的男人。

于是，她果断地提出分手，头也不回地走了。

大男子主义型的男人更需要一个保姆、一个女仆，而不是一个爱人。他一旦认为自己"吃定"某个女人，他就把她的奉献视为自己的特权。所以，你若不想给"主子"当女仆，就不要嫁给这样的男人。

6. 洁癖型

洁癖型的男人对一些小事过分在意，对清洁程度的重视成了"癖好"，他们往往固执己见，从来不知站在对方的角度考虑问题，严重者甚至脾气古怪而偏执，如果你嫁给他，就要准备忍受他的百般挑剔，而且还要准备为一些微不足道的小事引发家庭矛盾。

洁癖型的男人不一定是无能之辈，由于他们对自己高标准、严要求，办事认真而细心，有可能成为某方面的专业人才。但他们的"专业"有时也是让女人痛苦的因素。例如，有一个医生，特别讲卫生，每次跟妻子性交前，都要用酒精对妻子消毒，弄得妻子苦不堪言，最后终于忍无可忍，提出离婚。

7. 疑心病型

疑心病型的男人总在怀疑你对他的感情，总在怀疑你对他的忠诚，甚至限制你的行动，禁止你与其他异性交往。说到底，这种男人非常缺乏自信心，和他生活在一起，不但会神经紧张，时刻提防哪里又冒犯到他，就算再怎么小心，也避免不了一场接一场的战争。即使你洁身自好到画地为牢的地步，仍然不能打消他的疑心。与其无休无止的解释、争吵，不如趁早分手。

8. 意志薄弱型

意志薄弱型的男人自制力较差、缺乏理智，他们往往会成为瘾君子，不管是烟、是酒、是毒、是赌，都会越陷越深，难以自拔。一次次地悔改，又一次次地再犯，同样的情节总是在重复。别期望这种人对家庭负什么责任，因为他们根本没有责任感，没有主见，在个性上永远是一个长不大的孩子。和他结婚，还得额外负担起“教育”的职责，以免他走上歪路。与其说找了个丈夫，还不如说找了个不成器的儿子。

9. 个人主义型

个人主义型的男人对自己慷慨，对别人小气，有好吃的自己吃，有好喝的自己喝。他极少主动为你做什么，他并不是没钱，但几乎没有请你吃过饭，没有为你买过东西，他们眼睛里除了他自己，再没别人，无论是父母、兄弟、朋友、同事、爱人，都别想得到他一丝一毫的关爱。这种男人其实是缺乏爱别人的能力，他不会为他人考虑，对家庭也没有责任感，嫁给这样的男人，你就只有倒霉一辈子了。

10. 金钱至上型

金钱至上型的男人大都吃过没钱的苦头，如今手里有了钱，却又可悲地沦为了金钱的奴隶。在他们眼里，金钱是无所不能的，可以买来爱情，也可以补偿青春。对喜欢的女人，他们挥金如土，以金钱来示爱；厌倦的时候，便一脚踢开，当然同时还会扔上一沓钞票作为补偿，这样他们心里便不会有一丝惭愧。和这样的男人在一起，你付出再多的真情也是有价的，因为他只不过把感情当成一场交易。唯情至上的女人，千万别碰这种男人。

两种“明赚暗亏”的爱情模式

爱情也类似于一种经济行为，你投入自己的优质资源，获取你想要的“利润”。只不过，有人把“利润”锁定在精神层面，如安全感、爱和尊重、快乐和幸福等；有人把“利润”锁定在物质层面，如金钱、权力、名声。多数人兼而有之，精神与物质兼顾。

既然是这样，你自然要考虑投入与产出是否合理，如果你觉得投入太多、产出太少，就有吃亏了的感觉，因此对拥有的爱情不满意，甚至会果断放弃，中断投入。不过，有时你感觉吃亏，不一定是真的吃亏了，跟你的期望值有关，你的期望值太高，吃亏的感觉就越强烈。奴仆娶了公主，也可能感觉吃亏，因为他指望靠她平步青云，结果只是收获了若干不菲的嫁妆，却要供奉她一辈子，岂不大亏？有时候，你感觉自己盈利甚丰，却是真的大亏。

有两种“明赚暗亏”的爱情模式：

第 1 种“暗亏”模式：当富人的情妇

当富人的情妇，是社会上的一种丑恶现象。在一些金钱至上的女人眼里，当情妇是一个低投入、高产出的投资项目，她只需对那个慷慨的男人提供有限的性以及关爱，就能获得名车、豪宅、钻戒、高档时装等多种收益，收入不亚于一个打拼多年的高级经理，岂不是赚了？之所以产生这种想法，是因为她没有把许多项“成本”计算在内：

（1）容貌成本。容貌是高值易耗品，对女人而言，是一种不可再生的稀缺资源，你得为这项资源做很多事，例如，成为很棒的推销员、公关小姐、空姐，甚至成为影星、广告明星等，总之，你的容貌具有广泛的“销路”，除了带来金钱外，还能产生喜爱、尊重、成就感等种种附加价值。但是，做了情妇，容貌全为一个男人消费，虽然得到了名车、豪宅，产出也不能算很大。

（2）机会成本。女人年轻漂亮时，拥有无限可能，比如成为某个优秀男人的妻子，成为某家优秀公司的员工，等等，每一个机会都必然蕴含着各种收益。成了情妇后，虽然收获不菲，可是随着岁月的流逝，你的容颜会逐渐老去，就要开始有被抛弃的顾虑了。即使这个男人讲情义，还愿意继续养着你，大概也只是限于生活费，再无名车之类的豪阔了。假设你踏踏实实找一个优秀男人，结为夫妻，他可以一辈子为你带来各种收益，累计起来可能远远高于那个情夫给予你的。

（3）心理成本。成为情妇后，往往会失去某些自由，必须隐姓埋名，被限制在一定范围内生活。有人把情妇形容为“金丝雀”，堪称恰当。金丝雀被养在笼子里，被人视为玩物，虽然无饮食之优，却失去了自由飞翔的乐趣。

（4）名誉成本。社会上把“养二奶”“养小蜜”视为丑恶现象，情妇们无疑会受到亲友的冷眼和世人的鄙视。所以，她们心里无疑会承受着很大的道德压力，很难理直气壮地做人、坦坦然然地做事。

（5）幸福成本。身为情妇，无法享受正常的家庭生活，也无法享受正常的性生活，她从情夫那里得到的陪伴时间相当有限，大部分时间孤独地生活在一个小圈子里，每天担心着被抛弃的命运，忍受着情夫另觅新欢的不忠，哪有幸福可言？

快乐和幸福是人的追求，名车、豪宅之类不过是制造幸福的工具，为了得到这些工具却苦熬远离快乐、幸福的日子，岂非得不偿失？

第2种“暗亏”模式：为爱情放弃事业

为爱情放弃事业，是女人的一种选择，这里要提醒你的是：除非你特别喜欢家政工作，以家庭为事业，否则绝对不要丢掉工作去做家庭主妇。理由有三：

（1）容貌会贬值，才能会升值。通常，“男才女貌”被认为是理想的婚姻配型。但是，女人的容貌会随着岁月的流逝而贬值，而男人的才能却会随着阅历的增长而升值，一贬一升，差距就拉大了。如何保持跟男人之间相同的“兑换率”呢？你自然不应寄望于男人的恩赐，这是相当靠不住的，“色衰恩绝”的故事从古到今都在上演。你只能寄望于保持自己的价值。所以，你要有事业，只有从事业中，你才能获得不会贬值、只会升值的才能，甚至还可以获得价值很高的名声和社会地位。

有一个聪明女孩，交了个有点“大男子主义”的高薪男友，他认为女人应该待在家里洗衣、做饭、照顾孩子，所以动不动就以各种各样的理由让她辞掉工作，有一次，甚至提出了“有工作没我，有我没工作”的要求。

女孩明白，再用搪塞的方式跟他沟通已经不行了，只好跟他摊牌。她问：“请你诚实地告诉我，当初你为什么会选择我？”

男友说：“原因很多，比如，你在辩论会上精彩的表现，你出色的学习成绩，你的相貌很漂亮，你待人接物很有亲和力……”男友列举了一大堆她的优点，但无外乎都是能干、出色一类的东西。

女孩说：“我从前主要靠工作和学习方面的才能吸引了你，如果我放弃工作，当一个家庭主妇，我的那些能力就会慢慢消失不见，那样的我，你还会喜欢吗？”

男友被问住了，从此不再劝她辞职。

这个女孩无疑是明智的，她非常清楚自己真正的价值在哪里。才能的增长具有延续性，而且今天的知识更新极快，一旦你离开职场，也许只需三五年时间，你原有的知识、技能、观念都已经落伍了，即使你重返职场，也无力承担原来的工作，更别说升职。

（2）你的生活圈会变小。你一旦离开职场，你的生活圈子便骤然变小了，你的眼界也因此变小了，心胸也变得狭窄了。大多数家庭主妇将一天的主要时间放在家里，最大的活动范围是商场和超市，每天过着毫无新鲜感的生活，越来越觉得乏味和憋闷，为一点小事吹毛求疵、喋喋不休，已经不复当年的可爱，“贬值”得很厉害了。

（3）你的交往层次会降低。如果你的活动圈在家庭，只能跟一些层次较低的人打交道，其中许多人是游手好闲、无所事事之辈，他们的观念自然谈不上先进，思想自然谈不上新奇，素质自然谈不上优秀，长期跟这些人打交道，你也渐渐跟他们比较接近了。许多丈夫认为妻子素质太低而拒绝就某些事交流，不是丈夫“变心”了，而是妻子“变俗”了，甚至可以说“变傻”了。

事业会带来压力，而压力带来动力和活力。无论如何，一个活力四射的女人，比一个死气沉沉的女人更可爱而且更受人重视。所以，你想拥有一份永久而珍贵的爱情，就不要为了爱情抛弃事业。

选择有升值潜力的男人

有一句话说得好：“有过去的男人可以原谅，可是没有未来的男人却无法容忍。”选择男人如同选择股票，赢利前景最大的未必是绩优股，反倒是那些潜力股值得期待，这种股票前期投资不高，后期的涨势却很惊人，典型的低投资高回报。无论巴菲特还是索罗斯，都是因为善玩潜力股而成为巨富。

选择男人中的“潜力股”，关键不看他此时如何英雄了得，也不能光看外表、风度、谈吐等表面的东西，关键还要看对方的潜质，如才干、胆略、野心、毅力、智慧、信用等。成功的男人当然令人羡慕，但围绕他的竞争也必然相当激烈，许多女人甚至满足于跟他的一夕之会，那你跟她们争什么劲？不如一心一意寻找“潜力股”，作“长线投资”。

1. 不看钱包看实力

今天，很多女孩开始变得超级现实，将“嫁个有钱人”作为优先考虑的内容。她们振振有词地说，“选择一个条件好的老公，可以少奋斗十几年”，“没有面包，就那样大眼瞪小眼地爱恋着，可能吗”？这些话固然没错，问题在于，爱情是双方的，并不是由女人一方决定，女人选男人，男人也同样选女人。正如女人不希望男人单纯看重自己的容貌一样，男人也不喜欢女人单纯看重自己的钱。如果没有爱情，只是为了美貌和性，男人就会考虑花多少钱才合算的问题，哪能轻易让女人称心如愿？

最近网络上流传一个有趣故事：

一个女人在网络上征婚："本人25岁，拥有沉鱼落雁美貌，想嫁给年薪至少50万元的人。"

她收到了一个回复："小姐：我年薪超过50万，符合你要求的条件，但以投资专家的角度，跟你结婚是错误的投资决策——你的美貌会贬值，我的资产却不断增值。故此，我只对'租赁'感兴趣。"

你瞧！当女人看重物质时，男人也会看重"物有所值"乃至"物超所值"。

女人选对了老公，确实可以少奋斗若干年，但你不能太势利，一味盯着他的钱包和他的成就。你要有投资意识，通过评估一个男人的实力，判断他的未来升值潜力。事实上，在年轻男人中，有钱的并不多，身居高位的更少，除非他身出豪门，否则根本满足不了女人"嫁个有钱人"的要求。但如果他有实力，未来却不可限量。总之，如果单以目前的资产多少来判断男人的价值，你必然会错过很多好男人。最好的方法是看一个男人有多少实力、有多大胸怀，这决定了未来的升值前景。

2. 不看他有多浪漫，只看他有多乐观

浪漫的男人会搞出很多新鲜花样逗女人开心——烛光晚餐、野外烧烤、"999朵玫瑰"、泰国7日游，拿着大喇叭喊"我爱你"，诸如此类，总之能让女人开心得晕晕乎乎。

但是，你要知道，浪漫如同诗人的灵感一样，只有一时，没有一世。你若以为可以和他如此浪漫地度过快乐的一生，只怕会大失所望。单说"烛光晚餐"一项，需要花不少钱，需要花很多时间，还需要动很多脑筋编"绵绵情话"，还要内心拥有足够多的激情，投资之大，一月一回肯定受不了，一年一回或可指望，但你最好别作指望，一直等到十年婚庆，或可重温旧梦，还要看他当时有没有那个心情。

所以说，男人的浪漫是非常靠不住的，不信你看现实中的夫妻，有几个丈夫能在妻子面前保持原来的浪漫？

与其选择浪漫的男人，不如选择乐观的男人。浪漫只是表演，乐观却是素质，一个是舞台上的"真命天子"，一个是现实中"真命天子"，有本质的不同。

美国前总统夫人芭芭拉·布什在一次采访中说："我和丈夫生活在一起的理由是：他是一个可以陪我笑的男人。坐在沙发上看电视的时候，他和我一起笑；吃饭的时候，他和我一起笑；旅行的时候，他也可以和我一起笑。"

一个乐观的男人不需要刻意制造浪漫，他随时能把欢笑带给自己心爱的妻子。更重要的是，他能给妻子带来安全感。他遇到任何困难，都不会逃避，而是勇敢面对，想办法解决问题。即使解决不了，他也拿得起，放得下，不会委靡不振，更不会把火气发泄到无辜的妻子身上。他总会在力所能及的范围内呵护自己的妻子，宁肯所有的苦自己吃，也要让妻子感受到甜；宁可所有负担自己扛，也要让妻子感受到轻松。这样的男人，不是更值得依赖吗？

3. 听其言而观其行

任何一个不太笨的男人，都善于用花言巧语取悦心仪的女人，爱的渴求能充分激活男人的潜能，包括撒谎的潜能，说一万句"我爱你"，许一千个让人动心的承诺，对一个恋爱中的男人来说都不是难事。但这只能表明他正处于饥渴状态，至于是否真的爱你，则很难说。

所以，不要把判断力全交给耳朵，你还要用眼睛去看他做什么，然后想想他为什么有这样的行为。你要知道，他为你泡一杯茶、盛一碗饭，其意义远胜于他把你夸成一朵花。两者都要用心，但前者的成本高得多。有的女人不会算账，把花言巧语的价值想象得太高，结果肯定要上耳朵的当。

有一个女孩，交了一个月薪10万的金领男友，他说得好听，但实际行动中常常有许多小气行为，比方说，忘了带钱包，能要她付账的就让她付账；约会时，他总是选择就近的地方，让她花钱打车跑很远的路……最离谱的是，听说她有一笔奖金进账，他就建议用这笔钱安排两人去某个风景区度假。他的做法好像都是随意为之，看不出明显的小气或占小便宜的痕迹，所以女孩也没有留意。但她的同事们看出问题来了，提醒她说："不管那个男人的理由多么充分，最后的结果是，他花了你不少钱，却很少为你花钱。事实胜于雄辩。"

但女孩不以为然，仍然嫁给了他。为了更好地照料他，她辞掉了那份不错的工作。但是，她很快尝到苦头了，老公自己购置的东西，如跑车、手机、掌上电脑、衣服、高尔夫球杆等都是顶级品，却很少主动为她买东西。有一次，她抱怨说自己连一套可以参加正式晚宴的服装都没有，他居然去他姐姐的衣柜里找出几件旧衣服给她。平时她需要用钱，无论多少，都得伸手找他要，像个乞丐似的，如果他出去应酬，她只好从他的外衣口袋里找一些零钱买菜。有时她静下心来一想，不禁懊悔不已：我疯了吗？为什么嫁给这样男人？

女人们应该知道，说得漂亮永远不如做得漂亮。如果他像传统的丈夫那样，结婚20年都不说一句"我爱你"，却默默关心着你、呵护着你，那没问题。如果他的爱只是停留在口头上，却吝于付出，那绝对是个大问题。

从某种意义上来，用鲜花、礼品和甜言蜜语应付一时，总是很容易。婚姻却是终生大事，一个男人必须具有很强的爱的能力，才能托起一桩幸福的婚姻。持久的耐心、永远的责任、无限的宽容、不竭的进取动力、不断增长的力量，比什么都重要。这是你选择"潜力股"应该重点考虑的内容。

让你的婚姻不"破产"

今天的社会，离婚率越来越高，以至女人们普遍对婚姻缺乏信心，不敢全情投入。事实上，如果你经营得法，婚姻的稳定性远比你想象的高得多，为什么呢？一桩婚姻破产，对男女双方来说都损失惨重，如经济损失、心理损失、名誉损失、亲情损失、环境损失等，损失究竟有多大，难以估量，而且事前很难判断，一直到离婚变成事实后才逐渐感受到。所以，那些明智的人，绝不会轻言离婚，尤其是在社会上有身份、地位的男人，不到万不得已，不会轻言离婚。

可以说，婚姻是否稳固，60%以上掌握在女人手中，假设婚姻是一座房子，男人就是构成这座房子的建筑材料，而女人则是这座房子的设计者和建设者。很显然，房子是否倒掉，主要不是取决于建筑材料的优劣，而是取决于它的合理构造。

如何建造一座“不倒的房子”呢？前面讲过，你首先要选好“材料”，不该嫁的男人决对不嫁。一旦嫁了，接下来就是巧妙经营了。

1. 珍惜你的爱人

在大部分离婚案中，一方只珍惜自己，不珍惜对方；或者既不珍惜自己，也不珍惜对方。只有一小部分离婚案的情形是：一方品格有缺陷，不值得珍惜，你付出再多的爱，也换不来他的珍惜。

假如你选择的男人没有极端自私、忘恩负义、毫无责任感等品格缺陷，那么就是一个正常男人，你所要做的就是加倍珍惜他。何谓珍惜？请看一个历史故事：

公元1141年，巴伐利亚公爵沃尔夫被围困在他的温斯堡中，攻打城堡的是康纳德国王的军队。这场围攻战历时数月，沃尔夫公爵知道，现在除了投降再也没有更好的办法。信使开始在两军之间穿梭，投降的条款列出来了，沃尔夫和他的军官们开始准备将自己交给敌人处置。但是，温斯堡的女人们还没有放弃。她们向康纳德国王提出要求：保证温斯堡内所有女人的安全，并允许她们离开时带走她们双手能够带走的她们最珍惜的东西。

康纳德国王同意了女人们的请求。城堡的大门打开，女人们走了出来。城堡外所有的人都大吃一惊——她们手里抱的不是金子，不是珠宝，而是他们的男人。她们要竭尽全力救出自己的男人，不能让他们受到这支胜利军队的报复。

慷慨而仁慈的康纳德国王被这一壮举感动得流下了眼泪。他立即答应这些女人，保证她们的丈夫有完全的安全与自由。接着，国王邀请所有人参加宴会，并与巴伐利亚公爵签订了和平条约。

从此以后，温斯堡更名为“韦博图山”。在德语中，“韦博图”意为“女人的坚贞”。

这就是珍惜！如果女人视她的男人为人生中最可珍惜的财宝，男人必定会视她为人生中最可依赖的伴侣。而现实中的情形是，许多女人关心男人赚多少钱更甚于关心男人的身体健康，关心男人的成功更甚于关心他精神上的苦乐，所以，男人的背叛，至少在他自己看来，可以理直气壮。

你不珍惜他，就不要嫁给他；你一旦嫁给他，就要珍惜他，这是对女人的忠告。

2. 做一个“旺夫”的女人

按传统的说法，女人有“克夫”运，也有“旺夫”运。比如说，女人因这样那样的事，使男人终日精神疲乏、身体困顿，那么他做什么事都打不起精神，办不好也容易失误，事业不利，还容易遭遇车祸等意外事故，这就是“克夫”了。反过来，女人让男人每天精神抖擞、信心满满，他做事顺利，做人顺心，事业上自然顺风顺水，这就是“旺夫”运了。

如何做一个“旺夫”的女人呢？有两大要点：

（1）为男人安定“后方”。在军事上，稳定的后方是获胜的根本保障。在生活中也是如此，男人在前方拼搏，女人如果能帮他确保后方，对他是最大支持。如何安定后方呢？

第一，不要红杏出墙，并给他足够的忠贞证据。比如说，最好不要在私人场合跟别的男人单独接触，在老公的视线之外从事娱乐活动，最好事先说明、事后“汇报”。过分强调“自由”而不考虑男人的感受，会让他感到很不安，甚至产生猜疑心理。一旦猜疑心起，就意味着你们的感情已经出现裂痕，你要付出很大精力才能弥补。

第二，假如老公为事业付出了全部努力，无论结果好坏，他都问心无愧。如果你一味要求他成功、赚钱，他将感到不堪重负，并对你心生怨意。所以，他越是事业不顺利，你越要多安慰、少埋怨，更不要动辄以离婚相威胁。

（2）跟老公相得益彰。如果你的性格类型正好跟老公的个性特点相配，你和他就会相得益彰。例如：

事业心强的男人最需要善解人意的女人。男人事业心强，通常较少跟女人交流，有时宁可闷在心里，女人可能因不知状况而着急、生气。如果你善解人意，能从细节处感知他的状况和心理，并予以适时的支持或劝慰，他就会视你为红颜知己。

艺术型的男人最需要心胸宽广的女人。一位画家这样谈论他和太太的关系："结婚这么多年，我一直思想活跃、行动自由，即使有事情在外面留宿没及时通知她，家里也不会翻天，夫人的大气是个很重要的前提。……做男人要实实在在，我把完全真实的自己展现给她，这是对她的认可和最大的尊重。做男人没必要当面一套，背后一套，玩什么把戏。比如画画的人对女人感兴趣，这一点她清楚，如果哪天有人往我们家里打电话，说看见我在跟一个女的遛弯儿呢，我们家里绝对不会炸，她会说，没关系，这很正常。所以归根结底就是那些最基本的东西：人要真诚、自立、有信用。如果真把这些当成行动指南，认真地去做，就能过好。"事实上，这位画家和他太太的关系模式并不适合所有夫妻，比如对滥情的男人，他需要的也许不是你的大度而是适度管束，他跟别的女人"遛弯儿"，关系也不一定那么单纯，可能需要你防患于未然。

不苟言笑型的男人最需要可亲可爱型的女人。如果夫妻双方都不苟言笑，家庭的气氛必然很沉闷，"人气"不足，可能成为一个朋友不愿步入的地方。可亲可爱型的女人能增加家庭的情趣、活跃家庭的气氛，正好可以弥补丈夫的不足。

你是否"旺夫"，其实很容易判断：你对他的心情、他的身体、他的事业、他的人际关系造成了积极影响吗？如果回答都是肯定的，你一定是个"金不换"的"旺夫"女人。

第3章 做个知性女人

——幸福女人“智力投资”的简易法则

做一个爱上知识的女人

20 世纪 90 年代，世界上出现了一个新名词“知识经济”，反映了知识在社会生活中的重要性。与“知识经济”并行的是另一个新名词：终身学习。人们越来越清醒地认识到，正是通过持续学习和更新知识，在改变着个人、团队、组织、国家、民族乃至全人类的命运。

但是，世间事，“知易行难”，认识知识的重要不难，坚持学习却不易。有一个故事：

一班大学同学毕业后，各自走上了工作岗位。10 年后，他们相约到母校聚会。他们的教授对他们 10 年来取得的成就很不满意。以前他认为其中几个弟子具有杰出才干，想不到 10 年过去了，他们却表现平平。

教授问弟子们：“你们毕业后，谁平均每月看过一本书的请举手。”

弟子们都露出惭愧之色，没有一个人举手。

教授说：“一个月看一本书，对任何人来说都不困难，为什么你们没有人能做到呢？难道你们认为在学校学习的那点知识已经够用了吗？难道你们在工作中没有遇到任何问题，不需要学习新的知识来解决吗？”

教授的话，值得深思。走上工作岗位后，处身于一个复杂的社会环境中，需要解决工作和生活中面临的各种问题，比在学校更需要知识，更需要学习，但很多人反倒放松了学习，对女人们来说，更是如此。许多女人在结婚之前，也许尚有兴趣看一些闲书，一旦结了婚，有了孩子，唯一的读物只是一些美容、烹饪类女性杂志，极少碰那些有助于提升精神境界、工作能力和处世艺术方面的书籍。如此不爱学习，很容易成为“知识经济”时代的落伍者。

如果你想成为一个幸福女人，应该认识到学习的重要性和紧迫性：

1. 学习是消除“知识折旧”的唯一方法

“知识折旧”定律显示：一年不学习，你所拥有的全部知识就会折旧80%。

现在是一个知识爆炸的时代，世界的发展是如此迅速，新生事物层出不穷，今天刚刚掌握的知识，你还来不及仔细回味，到了明天仿佛就陈旧了，眨眼的工夫，一大堆新名词、新观念、新概念、新时尚、新潮流便铺天盖地地出现，势不可挡，“神女应无恙，当惊世界殊”！在这样的环境中，如不及时补给，马上就要变成新时代的文盲了。因此，无论你毕业于名牌大学还是普通大学，无论你拿到了博士文凭还是读了MBA，都需要不断更新大脑中的知识库，为了跟上时代的脚步，唯一有效的途径是终身学习，不断为自己“充电”。

2. 学习能让你的幸福“滚雪球”

香港词人梁芷珊认为：“学习的最终目的是为了让自己感到幸福。”她的推理逻辑是：通过学习，可让自己的年收入有所增加。年收入增加后，会让自己感到欣慰，同时减少家庭矛盾。在年收入增加的基础上，如果将一部分钱投资到对自己、对孩子的未来产生影响的领域，那么，你未来的有形或无形收益将继续增加，获得幸福的概率随之增大。此外，如果父母热衷于学习，孩子也会受到熏陶。当学习作为一种习惯，成为家庭内部的一种文化传承，你的家庭品位和社会地位也会随之提高。过去以至现在，中国人都以“书香门第”为荣，散发着书香的家庭，不仅有着较高的文化素养，也有着较高的名望与社会经济地位，生活品质自然也高于普通家庭，自豪感带来的幸福感自然也比较多。

反过来，疏于学习的人难以实现年收入的增多，进而无法在学习上投入资金。从而逐渐拉大了与他人的差距，构成了一个恶性循环。试看社会上的低收入家庭，绝大多数属于文化素质比较低，而导致家庭不和的因素80%跟经济有关。

学习和其他的进取方式一样，能产生“滚雪球”的效应，你此时的一点点投资，通过“利滚利”，在未来可能产生巨大影响。日本企业家盛田昭夫说：“如果你每天落后别人半步，一年后就是183步，10年后就是十万八千里。”你可能怀疑盛田昭夫小时候算术没学好，一年落后 183 步，充其量 200 米，10 年后，怎么会造成十万八千里的差距呢？这是按“复利”方式计算的，连本带利一起“滚雪球”，差距大得惊人。

学习或不学习，决定你领先或落后十万八千里，你如何选择？

3. 学习是通向独立自由的最佳途径

女人们应该知道，学习不是你的一项负担，而是你的一项权利和一个机会，通过学习，你可以走向独立自由之路。学习跟自由至少有如下三种关系：

（1）获得更好的工作机会，实现经济自立。

（2）智力与男人比肩，取得人格自立。

（3）提高认识能力，增长智慧，能够自由地发表个人看法。

4. 学习可以让你的先生和孩子尊敬你

很多结婚后就停止学习的女士，往往没有什么新话题，每天谈论的，除了身边的琐屑之事，就是不厌其烦的唠叨，弄得先生很头疼，孩子很“逆反”。这是因为知识和思维方式没有及时更新的缘故。相反，那些坚持学习的女士，交谈素材相当多，天天都有新话题，跟先生交流毫无障碍，孩子也会缠着你讲新鲜事儿。所以说，先生和孩子是敬你、爱你，还是烦你、怨你，根源还在于你自己。

假如先生和孩子老爱用“你不懂”的口气跟你说话，你就要当心了，说明你在他们心目中已经相当落伍了，你不仅跟孩子有“代沟”，跟先生也有“代沟”——他早就进入 21 世纪，你还停留在 20 个世纪 90 年代。你想改变他们的看法，最好的办法是赶紧捧起书本、杂志等，向大脑输入一些新内容。

用学习赢得机遇

有人说，“条条道路通罗马”，不读书也可能成功。没错，成功的道路不止一条，但通往“罗马”的路，一定有一条笔直宽阔的大路，还有许多曲曲弯弯的小路，还有许多崎岖不平的险路，尽管每条路都可以通行，但你付出的成本是大不相同的，效率也大相径庭。很显然，走大路乃至高速公路才是最理想的选择。而学习就是一条“高速公路”。

更何况，这是一个“物竞天择，适者生存”的时代，即使你不想成就杰出，即使你只想在人生中处于一个比较好的位置，以获得理想的生活条件，或者，你对人生并无过高要求，仅仅想获得可供生存的一席之地，你也有必要适时充电，以抵挡一波又一波实力不凡的竞争者。如果你放松学习，一旦你的知识和工作方式变得陈旧，而你凭借资历拿着比优秀的晚辈更高的薪水，你就有可能成为老板想优先清退的对象。因为任何老板都会考虑降低成本而提高利润。

一般来说，在下列五种情况下，你已经到了必须充电的程度了：

1. 你的工作中已经没有陌生的东西

工作环境是你熟悉的，身边的人也是你熟悉的，你能得心应手地处理工作，很少遇到难题，轻轻松松就能完成工作任务。这时候，你可能会觉得自己成功地适应了这项工作，恰恰相反，这正是你的危机所在。因为社会的整体素质正在不断提高，一些文凭比你高、专业知识比你丰富的人可能会成为你同行，同时成为你的挑战者。这时候，你应该利用工作相对轻闲的大好时光，充实专业知识，使自己的竞争力更上一层楼。

2. 你的职业生涯处于停滞期

你长期在某个职位上原地踏步，而且看不到上升希望，这时候，你就需要考虑通过“充电”的方式提升自己了。因为事业如逆水行舟，不进则退，不容你停滞不前。站着不动等于倒退三丈，会有一个个、一批批人争先恐后地超越你，所以你必须逼迫自己有所改变。

有一位女士是某著名服装品牌的销售经理，主管北方区的业务已经有3年时间。这个在别人看来令人羡慕的职位，却让她做出了辞职的决定。她说："我感觉我的职业生涯面临着前所未有的停滞状态，总是在做着以前做过的事情，重复多于创新，而且以我目前的职位也很难再在公司有更大的作为了。"辞职后，她打算到国外进修服装设计专业，准备将来在新的领域打出一片天地。

当职业处于停滞时，你不一定需要辞职，但你应该意识到，你跟更高一级台阶之间还存在一定差距，你需要通过学习来弥补差距，如此，你的事业才会继续上升。

3. 感觉落伍的时候

工作中开始出现你不懂的东西。一些新设备是你从未用过的，一些新技术是你从未学过的，一些新名词是你从未听说过的……总之，你遇到了一定"技术障碍"，感到过去的知识已经不够用了，当然不能坐等淘汰的命运，要让自己尽快跟上知识更新的脚步。

4. 职场之路过于顺利

假设你当初学习的刚好是目前很热门的专业，由于懂行的人才很少，你极可能顺风顺水地享受高职、高薪。但正因为热门，必有更多的人开始学习此一专业，他们掌握的技术也更成熟，将来极可能把你淘汰出局。假设你遇到一个特别赏识你的老板，你也可能顺利冲上很多人望尘莫及的高端位置，但这个老板真的能一辈子罩着你吗？不管什么原因，太顺利的状况总是不能持续很久，在一个激烈竞争的时代，辛苦打拼才是生活的常态。所以，当你感到过于顺利时，反倒要引起警惕，及时充电，以应付未来变化。

修正学习观念

身为女人，你需要明白关于学习的几个重要观点：

1. 克服群体偏见，培养多元的价值观

女人们，尤其是不爱学习的女人，更容易成为“群体偏见”的受害者，例如，“女人一定要美丽”“强悍的女人会孤单”“女人一定要结婚生子”“女人是弱者”等，无一不是“群体偏见”。如果你相信它们，你就会被它们牵着鼻子转。但你其实可以相信它，也可以不相信它，因为它们都有道理。只要你能克服“群体偏见”，就没有人能束缚你的思想。

关于“群体偏见“，弗朗西斯科·阿尔贝隆尼在《看透人性的弱点》一书中有精僻的论述：

每个偏见的背后都有一个有组织的团体、一部宣传机器、一些所谓的“知识分子”。他们决定捧红或摧毁哪些作者，决定哪些书、哪部电影可以看或不能看，就像天主教廷编列禁书目录一样。而一般的群众就像鹦鹉一样，只会重复别人灌输给他们的观念，完全没有自己的主见。

问题是，现在大家几乎都处在这种状况中。我们都是在特定的环境中成长的，都曾有过老师，心中也都有好恶的标准，所以当我们接触到某些作者、某部电影、某个电视节目时，会条件反射地否定它们的价值。有时候是因为我们真的认为它们很难看，有些时候则是因为它们很好看、很受欢迎，所以我们产生了妒忌，为此感到愤愤不平……我们越相信对手有实力、有能力聚集大批的跟随者，就会更加批评、攻击他们。我们多少都有一点像当年批评伽利略的那些人：他们就是因为害怕自己看了伽利略的望远镜后，将不得不同意他的理论，因而不愿意去看。

然而，如果我们想成长、想要有自己的意见，势必要先脱离群体的束缚。当我们发觉自己过度排斥一个作家，或是毫无原因地排斥他的作品，就更应该提起勇气去认识他，主动以平和、友善的态度去对待他……当我们脱掉“群体偏见”这副有色眼镜之后，将会发觉那些原本可憎又没有内涵的作者其实也和我们一样，是一个敏感又有丰富经验的人。我们也会觉得这个世界变得更宽广，自己的身心更加轻松，呼吸更加顺畅——因为我们自由了。

有一个女子，跟一个优秀男子相恋，但她却面临在国外工作和回国结婚的两难选择，大家都说：结婚是终生大事，应该优先考虑。但她还是冷静地和男友分手。她说：“虽然是不起眼的工作，但我还是希望靠着自己的能力在这里生活。”然后，她卖力地过着属于自己的日子。

这是一个聪明女子，她有自己的思想，知道自己最在乎什么，不受别人的偏见左右，所以她永远不必在外人的观念和内心的渴求之间摇摆不定。

2. 喜欢变化，对新事物充满好奇

有的女人比较保守，讨厌变化，对新事物兴趣不大，甚至感到讨厌。但是，“唯一的不变是变化”，无论你想不想变，世界每天都在发生变化，新生事物层出不穷。与其被动接受，不如主动接受。为了不让自己在新变化面前措手不及，你最好在如下几个方面进行学习：

（1）随时发现并学习身边值得学习的东西。“充电”不一定要脱离现在的工作，更没必要重返学校。做有心人，留心身边的人和事，随时发现生活中的亮点，注意总结自己和别人的成功经验，应用到工作中，这样随用随学，成本很低，效率却很高。

（2）多阅读专业杂志。为了提高理论修养，获得最前沿的专业眼光，你有必要多阅读本行业的专业杂志。如果有时间和兴趣，还可以多读其他行业的专业杂志，这样不仅能丰富你的知识结构，还有利于跨行业交友，好处多多。

（3）让读报成为习惯。美国报业界为了推展“报纸阅读计划”，曾作过一项调查。在800多个家庭中，全部接受调查的主妇中，有66%看报纸，而其中家庭收入越高，主妇教育程度越高的，阅报率也越高。

每天早上，当你打开今天的报纸，想看看这个世界又发生了什么事情的时候，不要专看自己喜欢的版面，如国际新闻版、流行消息版、体育版、娱乐版等。事实上，报纸不但报道新闻，也等于是一份百科全书，可以从中得到各式各样的知识，许多知识是从专为女性办的刊物中得不到的。今天的女性如果不想落伍，就得超越“纯女性的知识”，各方面都要知道一点，这样，你才不会对这个庞大、复杂而变化多端的世界产生陌生感和疏离感。

（4）读一些好书。读一本好书，等于在和一个智者交流。优秀的文化产品可以让女人变得聪慧、大气、成熟，一本好书可以帮助女人不时地清理心灵尘埃，释放压力与重负，经营生活与感情。但是，不要专看文艺作品。文艺作品毕竟是想象的产物，生活中需要想象，但如果只有想象，一切都会向不利的方面倾斜。女人的阅读面不妨尽量广泛，文学、哲学、艺术、生活服饰、美体美容、职业成功、婚姻家庭、育儿、旅游等，都可一读。

（5）网络培训。目前网络上已有2000多个学习课程，还有不计其数的资料库，你总能找到自己有用的内容。

3. 欢迎挑战

自卑的女人害怕挑战，但自信的女人对挑战充满喜悦，不怕环境变化，不怕遇到困难。人往往是在挑战自我的极限成功之后，大幅成长；每一次挑战，都代表未来格局与成就高度的升级。

如果你有以上品质，你就是一个“学习型人才”，你会喜欢改变，你会寻找新方法，你会快乐地迎向新挑战。至于学习方法，会在每一次改变与学习中，逐渐加速、逐渐熟练，完全不需要担心。态度决定了你是不是一个“学习型人才”，也决定了你的一切！

4. 让学习成为一种习惯

许多女人说：我很想学习，可惜没有时间。对此，有人曾精辟地说过一个观点：“成功与失败的分水岭可以用这么5个字来表达——我没有时间。”

“没有时间”学习的人，其实只是没有学习的习惯，试想，李嘉诚每天工作12小时以上，尚且能挤出时间读书，并且把读书习惯保持了数十年，那些每天工8小时的女人，怎么可能没有时间读书呢？只要你每天少看一小时电视，每年就可省下365小时。所以，学习时间决不是问题，你只需养成持续学习的好习惯。

高速“充电”的方法

学习时间不一定能反映你真正的学习进度，学习效率最能产生真正的效益，所以，你需要用对学习方法。被誉为“理财天后”的日本专家胜间和代在很短的时间内就通过了注册会计师、网络信息处理工程师、TOEIC考试等高难学习课程，她的经验是：“只需将收入的5% ~10%投入对学习方法的掌握上，我们就一定能够获得2倍乃至10倍的收益。”

迄今为止，最高效的学习方法莫过于在单位时间内集中精力于一点，几乎所有的名家大师都是以此法带来丰硕的学习成果。军事家也是用类似的方法取得重大战果：集中优势兵力消灭敌人。而明智的企业家同样善于运用此法：集中资金办大事。成功的方法本质上是相通的，最好的学习方法就是聚焦于一点。

曾有一个为学习而苦恼的青年人向昆虫学家法布尔诉苦说：“我不知疲劳地把自己的全部精力都花在我爱好的事业上，结果收效甚微。”法布尔赞许道：“看来你是一位献身科学的有志青年。”这位青年说：“是啊，我爱科学，可我也爱文学，对音乐和美术我也感兴趣。我把时间全都用上了。”法布尔从口袋里掏出一块放大镜说：“把你的精力集中到一个焦点上试试，就像这块凸透镜一样！”

法布尔告诉这位青年的方法，可以说是他的经验之谈，他本人是一个专注力极强的人，无论他学什么、做什么，都全神贯注，有时甚至到了废寝忘食的地步。一天，法布尔天一亮就蹲在一块石头旁，几个村妇早晨去摘葡萄时看见他在那里，到黄昏收工的时候，她们看见他仍然蹲在那儿，不禁非常纳闷：他花一整天时间，就为了看一块石头？难道着了魔？其实，法布尔是为了观察石头上的那些昆虫的活动规律，他不知花了多少个日日夜夜做这件事，历经数十年，完成了《昆虫记》的写作，揭开了昆虫世界的许多秘密，达尔文称他为“无法效仿的观察家”，后人称他为“昆虫界的荷马”。

北宋著名文学家苏轼也谈到过相同的学习方法，他在《又答王气书》中写道：“书富如海，百货皆有之，人之精力，不能兼收尽取，但得其所欲求者尔。故愿学者，每次做一意求之。”意思是说：知识如同大海一样浩瀚，而人的精力有限，不可能全部学会，只有挑选自己非常想要的部分。所以，希望求学者一次只选择一项内容，一心一意去学。

心理学家们也分析了集中精力于一点的好处：集中精力可以忘掉自我，忘掉疲劳，增加时间的持续性，提高效率。

对男人们来说，集中注意力不为难事，因为从远古狩猎时代，他们就培养了紧盯住一个目标的特性。而女性的思维特点是多轨式的，可以同时思考几件事，例如一面给孩子喂奶，一面惦记着煮在锅里的饭，同时还能跟人聊天。这是从自古以来忙乱的生活环境中养成的特性，但很难把注意力集中在一点上。因此，女性为了提升学习效率，有必要培养专注力。

“理财天后”胜间和代根据自己的学习经验，总结了五个学习方法，值得女性们借鉴：

第 1 法：打好学习基础

多数时候，你感觉学习内容难度比较高，理解困难，是因为以前的基础不够。与其苦啃难题，不如从基础入手，循序而进。以学习英语为例，阅读专业英语书籍、杂志，或者听英语讲座，你可能觉得很难，但真正的原因是你掌握的单词不够多，语法不够精通，听力不够好，以至学习效率低下。与其直接挑战难关，不如避难就易，先将学习语法、记忆单词、练习听力作为学习目标，待基础打牢了，再循序渐进。

学习要注重实效，听名家大师讲一堂你茫然不知所云的课，不如自己读一些确能心领神会的书。

此外，应该将所学内容与当前的工作、生活和未来理想紧密结合起来，也就是说，学习要强调目的性，如果你所学知识能让你看到明显好处，比如拿到重要证书，提高工作效率和工作质量，改善心态和生活情调，那么你的学习兴趣将会大增，从而带来意想不到的高效率。

第 2 法：虚心向过来人请教学习方法

你请教的内容，主要不是某些知识点，而是学习方法。从指导者那方来说，“授人以鱼，不如授人以渔”。从求教者这方来说，得到鱼自然不如得到捕鱼方法。例如，你想考某个证书，首先想到的可能是购买图书、教材，或是报名参加函授课程或培训班。但是，你不如先去向已经拿到这个证书的人请教，然后根据他们的经验再去购买和阅读相关图书与教材。

过去，人们的交流方式落后，有时你身边根本没有合适的求教对象，但现在情况不同了，你可以利用网络，随时可以找到老师，运气好的话，甚至可以跟国内外的名家建立联系，向他们请教学习之法和解答疑难问题。

第 3 法：提升学习层次

学习的终极目的是为了应用，或为办理事务，或为调适心理，或为研究问题。如果你只是学到一定程度，没有对相关内容进行透彻理解，简单说，学到“半吊子水”是没有用的，你需要透彻理解所学科目的基本内容，如有机会，还要将所学知识应用于实践。俗话说：“一处不到一处迷。”任何学问，都只能反映事物的基本框架，某些细微之处，需要用心去领悟，无法用书本知识表达。你只有通过实践，才能尽知其详。

第 4 法：将所学知识用自己的语言整理出来

胜间和代认为：在学习的过程中，汲取知识的时间与整理学习成果的时间应是对等的。例如，若是花了 3 个小时的时间上课，最好也花 3 个小时的时间整理上课时学到的东西。虽然，这种一半对一半的时间分配是最为理想的情况，一般人即使下意识地注意这一点，最多也只能做到 7∶3，但如果我们不加重视的话，这种时间上的分配更是会下降到 9∶1。她还说：人类的思维实际上是十分暧昧的。比如，我虽然可以将自己所思考的东西写成书，但仍有一些用文字无法表达的部分，而这些实际上是我也没搞明白的东西。所以，如果在学习时，我们忽略对学习成果进行整理的话，就难以发现自己在学习过程中存在的盲点。

如何整理所学知识呢？中国儒家提出了一套非常科学的方法——“博学之，审问之，明辩之，慎思之，笃行之”。这也是一套行之有效的高效学习法。

（1）博学之。多看一些书，不管是文科的、理科的都看一些。有些人看书，只看文艺作品，或者只看专业书籍。并不是这些书不好，关键是偏于一端，眼界、思路会受到局限，这就像吃饭偏食一样，难免营养不良。

（2）审问之。多问几个“为什么”，然后去寻找答案，既能激发学习兴趣，也能增进智能。比如“思而不学则殆”这句话，它到底对不对？思而不学的具体表现是什么？思而不学有哪些危害？等等。有了问题，就有了学习和研究的方向。

（3）明辩之。对同一件事，因每个人所观察的角度不同，可能得出不同的结论。面对众多观点，就需要仔细分辨究竟哪种观点更正确或更适于自己所需。比如，有专家说，吃苹果应该吃皮，因为苹果皮里含有丰富的营养；又有专家说，吃苹果不应该吃皮，因为果农杀虫时，农药会残留在果皮中，有害健康。这时候，就需要分辨一下到底健康重要还是营养重要，不能盲目相信某个专家的意见。

（4）慎思之。我们不能老是被动地接受别人的观点，还要思考出新。比如，苹果皮会残留农药，有没有办法解决这个问题呢？解决这个问题自然要花成本，会不会得不偿失？多想一想，把问题考虑得更全面一些，更容易做到心中有数。

（5）笃行之。也就是实践。所谓实践，不等于什么事都要去做一下。进行社会调查，从实践者那儿获得第一手资料，也是实践之法。

第 5 法：乐在其中

兴趣就是天才。如果你对某项知识很感兴趣，在学习过程中感到很快乐，那么你的学习效率必然很高，而且不知疲倦。在少女时代，你也许有过这种经历：为了读一本言情小说，上课时躲着老师看，在家躲着父母看，饭可以不吃，觉可以不睡，有一点点时间都不放过。假如你学习其他知识也能产生同样的兴趣和乐趣，还有什么学不会呢？

比读书更重要的学习：读懂男人

如果你只会读书，还不能说善于学习。孔子对读书的看法是："弟子入则孝，出则弟，谨而信，泛爱众，而亲仁。行有余力，则以学文。"这句话的意思是：在家里能够孝敬父母，在外面能够敬待朋友，对他人能够秉持一颗好心，友善对待，主动跟品行出众的好人交往，如果还有多余的精力，再来读书学习。这意思是说，先学习做人，再学习知识，不要本末倒置。

做人跟人生幸福关系极大，一位作家曾说，一个人一辈子能把身边七八个人的关系处理好，一生的幸福就有保障了。这七八个人都是自己最亲近的人，如父母、兄弟、妻儿，或关系最密切的人，如朋友、上司、同事、下属。意思就是说，只要把圈子内极少数人的关系处理好，必然事业顺利、生活和美；反之，绝大多数烦恼、痛苦都是身边人带来的，其原因是没有把关系理顺。关系没有理顺的原因是做人功夫没有学好。"世事洞明皆学问，人情练达即文章"，学会为人处世，比什么都重要。

对女人来说，以下几项内容，应该优先学好：

第1项内容：读懂男人

在生活中，女人的烦恼至少一半是男人带来的，原因又在于对男人的了解不够，以至带来了许多不合理的猜测与相撞。所以，读懂男人，对女人的幸福人生十分重要。

那么，男人具有哪些主要特点呢？

（1）男人通常有很强的竞争心理。男人的竞争冲动，主要体现在事业和女人两方面，并且表现出很强的利己性。由于男性把工作和地位看得很重，所以有很强的进取心，渴望成功，渴望受到大家的认可与尊重，竞争心理很强。

（2）男人并不像表面看起来那么理智。一般的看法是男性考虑问题比女性更科学、客观、理智，但不一定。只有经过严格修炼的男人才具有这些固定特点，有些男人会感情用事而不计后果。

（3）男人结婚后更需要交友。因为在传统文化中，男人是一家之主，有保护女性的义务，而男人对这一角色并不十分自信，因而有不安心理，所以希望通过交朋友来削弱这种不安心理。如果男人不爱与同性交往，可能属于力量型男人，像狮子一样独立，也可能对妻子有相当程度的依赖心理。

（4）男人对“出息”十分敏感。一般男人为了有出息，一心扑在工作和事业上，但有的男人用虚假的东西证明自己有出息。这是出于希望得到他人承认的心理，女人可能通过许多方式得到承认，比如漂亮的容貌、温柔的个性、生儿育女，等等，男人基本上只能通过事业成就得到承认，所以不得不让自己有出息。

（5）男性通常不会轻视女性，但在某些职业上，会显示出“性别歧视”态度，例如，“战争让女人走开”“女人不应干粗活”，等等，这其实不是歧视，而是出于保护心理。男人通常不喜欢跟自己轻视的人相处，假设男人真的轻视女人，就不会追求女人并希望与之相伴终生。有时候，男人表现出轻视女人的神态，其实是由于不自信，玩“阿Q精神胜利法”。

（6）男性对女性的地位上升并不反感。在男人的心目中，女人地位可高可低，她们是母亲、妻子、姐妹和女儿，无论哪种关系，都是男人能认同的。

（7）男人最讨厌破坏其自尊心的女人，这跟女人最讨厌破坏其自尊心的男人一样。诸如“你真不像个男人”“你真没出息”这种话，对男人最具杀伤力。一般来说，无论大度还是小气男人，听了这样的话，都会怀恨在心，并且很难排解。所以，说这种话的一般是很愚蠢的女人。

（8）男人永远在乎女人的仪表。在男人心目中，女人可以不漂亮，因为那不是他的错。但女人不可以仪表不佳，因为那可能是他的错——别人会认为他没有出息，没钱给女人买漂亮衣服、化妆品。女人结婚后，如果发现男人去参加活动而极不愿带上你，你第一要做的不是猜疑他是否变心，而是检查自己的仪表，能不能出场，对不对得起观众。如果你的仪表跟在场的女性比大为逊色，男人会觉得非常丢脸。

第 2 项内容：了解男女差异

男人和女人存在先天性的差异，如果不了解差异，都站在自己的角度看问题和处理事务，矛盾自然而生。所以，你有必要知道男人所具有的生理和心理特点与女人有何不同。

（1）在友谊方面，男性年轻时会交很多朋友，但女性过了中年才会有更多的朋友。

（2）在恋爱方面，约有 25% 的男性，在第一次约会时就爱上对方，但女性到了第四次约会，才有 15% 爱上对方。

（3）在做决定方面，女性做决定的速度比男性快。

（4）在支配别人方面，入学前到中学期的男孩子比女孩子更爱支配别人；成年后，婚姻生活越长久，妻子就越成为支配者。

（5）在工作方面，男人喜欢“冲锋式”的工作，间隔休息，而女人则喜欢以同一个节奏工作。

（6）在对待谣言方面，调查显示，男性和女性搬弄是非的程度几乎是一样的。

（7）在保护自己方面，研究显示，遇到坏人时反抗的女性比男性多 25%。

（8）在酗酒方面，约有 2/3 或 4/5 的酗酒者是男性，10 个丈夫中，只有一个会与酗酒的妻子生活，但 10 个妻子中，却有 9 个会继续与酗酒的丈夫生活。

（9）在细节方面，女人喜欢隐藏她们最深的感情，而男性喜欢让对方知道。如果你问一个男人“这个面包是哪里买来的?”他会告诉你；而把这个问题问一个女人，她通常会反问“有什么问题吗?”女人到家门口才掏出开门的钥匙，而男人早就掏了出来。

第 3 项内容：学会与男人保持良好关系

如何跟男人保持良好关系？

（1）不要高看和低看男人。不要以为男人很聪明、很坚强，如果你以为他们能妥善处理问题，并且能读懂你的心，就把他们高看了。男人做事时，常显得胸有成竹，但很多时候只是在尝试，并无把握。敢于尝试，也是男人的一项优点。如果你看见他自信满满的样子，就把自己的方案压下去，可能很可惜。另外，男人基本上不会明白女人的心思，因为男人更容易理解清晰的信息，而不是模糊的感觉。你与其埋怨他"不理解人"，不如把想法说出来。

其实男性和女性一样，会害怕、会计较，也会干傻事。但你如果因此小看男人的话，也会吃亏。许多女人因为看见男人常做傻事而得出他很无能的结论，殊不知他也许是"从战争中学习战争"，最后的结果可能是大获全胜。许多女人看见男人为了事业什么也不顾，就得出男人是很庸俗、很现实、很自私的动物，殊不知，男人的奉献精神也许比女人更强。比尔·盖茨为了赚钱可谓不择手段，但他却慷慨地将钱捐献给社会。男人想要赢，但大多数男人不喜欢独享胜利成果，有的男人甚至只要赢，对享受成果根本不感兴趣。

（2）承认男女之间的差异。无论你承不承认，男人处理和思考问题的方法与女人不同，人生观也和女人不同，而且基本不会因为女人的要求而改变，就像老虎不会被女人哄得变成小猫一样。即使他偶尔显出"猫态"哄你开心，也是暂时的。所以，你最好承认两者的不同，并且设法适应这种不同。

（3）有风度地追求"男女平等"。在观念上实现男女平等，早就不是问题。但是，你要努力创造平等的条件，强求平等未必合理。例如，在工作中，一个助理工程师能跟一个总工程师讲平等吗？一个基层员工能跟一个资深经理讲平等吗？如果女性确实比男人强，平等不是问题，超越也不是问题。但有的女人要求的平等其实是特权，这就有问题了！应该如何讲平等呢？比较有风度的方式是：在自己较强的方面掌握发言权，而在男人较强的方面承认其发言权。这是合理的平等。

（4）培养观察男人的眼力。男人有的像狮虎一样强大而唯我独尊，有的像狼一样凶狠而精通合作，有的像狐狸一样狡猾而善于变通，有的像绵羊一样温和而懦弱，有的像毒蛇一样阴暗而不容侵犯。任何一个男人，都可以用某种或某几种动物来形容，如果你善于识别，每个男人都很好打交道，并且不会受到他们的伤害。如果你把狮虎当成小猫，把毒蛇当成游鱼，受到伤害，那其实是你自己的错。每一种动物都不能说是坏动物，每一个男人也未必是坏男人，但对待方式应该不一样。

每个女人都要学会管理自己

成功从管理自己开始，幸福也从管理自己开始。“修身齐家治国平天下”，这是古人用过的老办法，至今还在被那些成功男人、幸福女人所应用。“修身”的道理其实挺简单，一块美玉首先像一块美玉，其次确实是一块美玉，那么，它何愁别人不拿它当美玉？

对女人而言，管理自己的过程就是修炼自己的过程，把自己管好了，幸福之门也就像你敞开了。

1. 跟有思想的人交朋友

女人们总爱跟个性好、爱好相同、层次相当的人来往，有时也会跟略高或略低于自己的人交往，对太高的人，“敬鬼神而远之”；对太低的人，不屑于交往。这样一来，交往的圈子就很小了，时间长了，大家都无新鲜话题，所交谈的内容无非是些生活中的小情调、小乐趣、小爱好、小是非，对自我成长毫无好处，只会让自己变得越来越庸俗无趣。

为了提升自己，有必要多跟那些有思想的人交朋友，他们能给你带来新的思想、新的观念、新的知识、新的信息，有时候，还可能给你带来新的机会。如此一来，你的眼界扩大了，你的心境开阔了，你的成长空间也拓宽了，可谓好处多多。

2. 养成耐心“看结果”的思维方式

女人们容易见风是雨、大惊小怪，看见某个现象，急于得出结论，否则不吐不快；看见某个问题，急于加以解决，否则惴惴难安。简单说：沉不住气。

为什么沉不住气呢？主要是没有耐心，习惯于根据现有知识和经验判断事物，并得出匆忙的结论。当然，不仅女人如此，许多男人也有这种习惯。但是，知识和经验不一定靠得住，许多时候，你需要耐心等待最后结果。请看一个故事：

一位女士家的院门前不知什么时候悄悄地长起了一棵树。孩子问她：“这是什么树？”她不认识，只好说“不知道”。

一天，一位在农业学院教书的朋友来她家做客，她趁机请教：“那是一棵什么树？”

朋友走近那棵树，审视了好一会儿，肯定地说：“我虽然不是搞果木研究的，但一看叶子就知道，这是一棵李子树。”

朋友走后，女士告诉儿子：“我们家的那棵树是李子树，以后你有李子吃了。”

过了几年，小树长大了，开花了，适逢孩子的姥爷从乡下来小住，看看门前那棵树，对外孙说：“嗬，你们什么时候栽了棵樱桃树？今年就要挂果了。”

“那是一棵李子树。”外孙说。

“李子树我还不认识吗？这就是一棵樱桃树。”姥爷笑呵呵地说。

姥爷走后，这棵树开始挂果，可惜由于雨水太大，果子刚刚露头就脱落了，一个都看不见了，等着吃樱桃的孩子不禁很失望。

秋天来了，此地拆迁，工作人员通知女士：“你家的核桃树快移走吧，过几天挖掘机就来了，铲掉怪可惜的。”

女士笑道：“这是樱桃树，不是核桃树。”

工作人员往树上一指说：“樱桃树？那为什么上面长着一颗核桃？”

女士顺着他的手指望去，咦？那儿真的挂着一枚小小的核桃。

你瞧！同样一棵树，有人凭知识，认为是一棵李子树；有人凭经验，认为是一棵樱桃树；但一棵小小的果实，可以胜过一箩筐知识和经验，也胜过观点相左时三天三夜的争辩。

人不是万事通，知识一定有不足；人不是百事晓，经验一定有缺陷，不相信知识和经验，肯定不行；太相信知识和经验，一定会出错。所以，不妨耐心一点，等着看结果。你不一定需要马上知道那是一棵李子树还是樱桃树，同样的道理，生活中的许多事，你不一定需要马上分出是非对错，与其喋喋不休地争吵，不如等等看，等结果出来了再下结论不迟。这样，你的生活中将会少了许多矛盾和烦恼。

3. 随时调整自己的角色

一个女人需要出演多个角色，比如：女儿、妻子、母亲、朋友、上司、下属、同事，这么多角色，经常要同时扮演。如何演好自己的角色呢？这跟演员演戏是一样的，演什么要像什么。简单说，当女儿要像女儿，当妻子要像妻子，当母亲要像母亲……许多女人不善于及时地把自己调整到合适的位置，常常发生角色错位，刚以母亲身份教育孩子，马上转过脸教育老公；刚跟同事开完玩笑，马上跟上司嘻嘻哈哈；刚在母亲面前撒完娇，马上在朋友面前扮嫩……凡此种种，好比在戏台上刚演完穆桂英，来不及卸装，又接着上演娇滴滴的崔莺莺，怎么看都不像。

你也许会问：女儿该怎么演？妻子该怎么演？关于不同角色的演法，自然没有一定，你不妨看看书、查查网络，综合别人的观点，确定自己的标准。标准不需要完全合理，你只要一直按自己的标准出演自己的角色，你就能演得很到位了！

4. 不要以为没人注意你

在公司里，不要以为每个人各司其职，上司不在背后就没人注意你。其实，你的一举一动都在同事和上司的眼皮底下，并由此形成对你的工作评价。

在生活区，不要以为大家各过各的日子，邻里之间“老死不相往来”，不会有人留意你，其实，无论你做什么，你的穿着和精神状态，都落在别人眼里，并由此形成你的口碑。

无论工作评价还是私人口碑，都会在不知不觉间影响你。许多女人好像天生命好，没做过明显的好事却有好报；许多女人好像天生背运，没做过明显的坏事却霉运不断，其实，绝大多数情况是别人对你的看法在无形中影响着你。“得人心者得天下”这句话，并不是在打天下时才灵验。你想成为一个好命的女人，随时都要注意自己的形象与言行，给别人一个好印象。

5. “藏起你受伤的手指”

西方有谚云：“藏起你受伤的手指，否则它会四处碰壁。”

无论碰到什么不顺心的事，除非你确信对方是一个会帮你“包扎伤口”的人，否则最好藏在自己心里，不要说出来，以免暴露你最软弱、最容易受到攻击的地方。

有的女人心里藏不住话，最爱吐苦水，有一点点委屈，有一点点不满，无论公司的事、家里的事，都变作“苦水”倒出来。有时候，属于隐私的部分，也忍不住晒出来。这只能显示自己的软弱和不成熟，结果如何呢？读读鲁迅先生的祥林嫂就知道了。论倒苦水的本领，少有人比得上祥林嫂，可她却被冷漠的社会无情地抛弃了。

你要知道，虽然“同情弱者是人类的天性”，但尊重强者也是人类的天性。与其像祥林嫂那样自暴软弱博取同情，不如显示强者的形象。一个成功者的形象，通常有如下特点：

说话声音爽朗，走路矫健有力；

衣着体面入时，待人彬彬有礼；

行动积极，绝不拖拖拉拉；

神情平和愉快，绝不在人前愁眉苦脸；

用档次较高的名片、手机和其他办公用品，以显与众不同；

开会或聚会时坐在前面，绝不畏畏缩缩；

话不太多，但敢于发表自己的观点。

6. 遵守规则

自尊、自爱、自强的女人，一定是自律的女人，每个单位都有自己的规章制度，既然你在这个单位工作，等于作出了遵守其规章制度的承诺，那么，你不必抱怨上班打卡、加班没有加班费、员工之间不能谈恋爱等规定是否合理，兑现承诺就可以了。如果你真的觉得这些规章制度不合理，就离开它，不必故意跟公司的规章制度作对。

提升解决问题的能力

人生中一定会遇到各种各样的问题，工作中的问题、生活中的问题、感情上的问题、还有自身心理上的问题，总之，问题层出不穷，每日与你相伴。有问题并不是坏事，世界充满了辩证法：如果没有难缠的客户和卖不出去的产品，一半以上的推销员将沦落到失业大军中去；如果没有棘手的难题，老板怎么会把你倚为左膀右臂？如果家里没有数不清的麻烦，老公怎么会一天都离不开你？

有问题虽然不是坏事，如果你缺乏解决问题的能力，就不妙了。你不能让问题变成你的助推器，问题就会变成你的拦路虎。解决问题的能力不但决定着你的竞争力，也决定着你的人生幸与不幸。

如何提升解决问题的能力？要把握以下几个要点：

第 1 个要点：不要害怕问题

玛林欧·瓦伦修泰说："不论发生什么事，请记得解决的方法有很多种。"无论多么棘手的问题，总有解决的方法，只要你决心解决它，在你下决心的那一刻，已经解决了一半。另一半，只要开动脑筋、付诸行动就够了！

第 2 个要点：准确界定问题

爱因斯坦说："将一个问题准确地界定，就等于解决了问题的一半。"

在日常生活中，问题之所以难于解决，往往不是因为问题本身有多难，而是因为你不知道问题出在哪里，一旦准确界定了问题所在，困难往往能迎刃而解。

在美国华盛顿的杰斐逊纪念堂前，有一堆造型别致的石头。但是，这堆石头被腐蚀得厉害，这成了纪念堂的清洁维护部门大伤脑筋的问题。他们曾想换掉石头，但这样做不仅需要大量的经费，还会大大地改变纪念堂的设计原貌。面对这个左右为难的问题，许多专家都一筹莫展，于是，这个问题被无限期搁置。

一天，一个年轻的清洁工走进了经理的办公室，声称自己已经找到了解决办法。望着领导投过来的疑惑神情，他平静地问："为什么石头会被腐蚀?"

"很显然，是因为维护人员过度频繁地清洗石头。"经理答道。

"为什么需要这样频繁地清洗?"

"废话！你没看见那些经常光临的鸽子们留下了多少粪便吗?"经理不耐烦地说。

"那为什么有这么多的鸽子来光顾呢?"清洁工继续问道。

"因为这里有足够多的蜘蛛供它们觅食。"

"蜘蛛为什么爱住这里呢?"

"因为……"经理沉吟道，"每天傍晚，这里有许多飞蛾。"

"那么，"清洁工神秘地一笑，"这里为什么会有如此众多的飞蛾呢?"

"哦，这个我倒从来没想过，应该是……是黄昏时纪念堂的灯光吧!"

经理忽然灵光一闪，马上明白了清洁工所说的解决办法。他立即命令推迟纪念堂的开灯时间。没有了灯光，飞蛾就不来光顾；飞蛾少了，蜘蛛也渐渐消失了，鸽子也就很少来了……

一个让专家们也束手无策的问题，一旦被清晰地界定，解决起来竟是如此简单!

当你遇到问题时，先别忙着抱怨问题多么棘手，还是溯本寻源地想一想：真正的问题究竟出在哪里？一旦找到了源头，问题也许就迎刃而解了。

第3个要点：抓住核心问题

有些难题比较复杂，存在着大大小小的各种问题，让人有无处下手之感，当你着手解决时，往往是"按住葫芦浮起瓢"。但是，问题再多，其中一定有一个核心问题，这个问题解决不好，无论解决其他多少问题，难题都没有真正得到解决，一旦抓住了核心，自然是纲举目张，其他问题都不成其问题了。

草海是黔西一个高原湖泊，栖息着黑颈鹤等多种濒临绝种的珍禽，被列为国家级自然保护区。草海周围居住着两万多农民，祖祖辈辈以入湖捕鱼为副业。人鸟争食，不免使黑颈鹤的生存环境受到破坏。草海成为保护区后，当地政府严令禁止捕鱼，但湖区农民对政府禁令置若罔闻，照旧下水捕鱼。政府工作人员深入基层，反复宣传，耐心说服，终归无效。

为了免于黑颈鹤灭绝，政府痛下决心，出动警力，包围捕鱼农民，收缴捕捞工具。不料，附近的农民们拿着镰刀、斧头，驾着小船，从四面八方蜂拥而来，与政府工作人员对抗。为了免于事态扩大，工作人员不得不撤出，此问题一时陷入僵局，草海环境进一步恶化。

后来，一个保护鹤类的组织——“国际鹤类基金会”派人来到草海，经调查得知，当地农民的生活条件极差，如果失去捕鱼的收入，生活将更加困难。于是，该基金会跟当地农民谈判，向他们发放扶贫贷款。农民们拿着扶贫款，纷纷干起别的生意，日子过得一天比一天红火，既没工夫捕鱼，也无意跟政府的禁令作对了，自此，草海环境得到根本解决。

这道难题中，涉及经济问题、法律问题、道德问题、环境问题、宣传问题、民风民俗问题、文明执法问题，一大堆问题裹到一起，似乎成了一个解不开的结。没想到，把最核心的经济问题解决了，其他问题都变得容易了。

任何问题都围绕着一个核心，你与其手忙脚乱地应付各种问题，不如找准核心，对症下药。值得注意的是，经济问题是大多数问题的核心，“经济基础决定上层建筑”，这是一个科学结论。

有时候，什么是核心，不容易分辩，比如推销产品，核心是质量还是服务？其实都不是。因为不管你的产品质量、服务如何，你都必须卖出去。你也不能过多抱怨公司在这方面做得不够好。所以，核心是调动顾客的购买欲，为此你要拿出最真诚的笑脸，还要了解他们的需求并设法加以引导。总之，找准了核心，办事就不迷惑了。

第 4 个要点：找准关键的人物

许多问题不是你能独力完成的，有时候，你需要寻求别人的帮助和支持。找人帮忙，一定要找准关键人物。

有一个年轻女孩，在报社当实习记者。有一次，总编安排她去听一场由著名音乐家克莱斯勒主办的音乐会，然后写一篇评论文章。可是，女孩对音乐理论一窍不通，如何能写出一篇不被内行耻笑的评论呢？她想出的办法是：音乐会结束后，立即跑到后台去向克莱斯勒请教。大师向女孩详细讲解了那首新曲的精义，还谈到了音调的共鸣，以及弱音的运用……女孩详细记录了这次谈话，写出了一篇绝对专业水准的优秀评论。

谈论大师的音乐，没有人比大师本人更有资格，这个女孩可谓找准了关键人物。

为了提高解决问题的效率，你找人帮忙时，最好别在那些有心无力、爱莫能助的人身上浪费时间，不如找到那个真正能解决问题的人，可谓直奔主题。

第 5 个要点：向“不可能”挑战

有些人总是习惯说，“这不可能”。“我没办法”，其实未必，只要有问题，就会有解决的方法，而且方法一定比问题多。你只要不怕问题，问题就会怕你。

海尔员工魏小娥就是一个不怕问题的人，当海尔开始整体卫浴设施的生产时，她奉派到日本，学习有关生产技术。

在学习期间，魏小娥发现，日本人试模期废品率一般都在 30% ~ 60%，设备调试正常后，废品率为 2%。她问日方的技术人员：“为什么不把合格率提高到 100%？”

日本人反问道：“100%？你认为有可能做到吗？”

魏小娥没有做声。但她认为，不是日本人能力不行，而是思想的桎梏使他们停滞在 98%。

学习结束后，她带着赶超日本人的信念和先进的技术回到了海尔集团。

半年后，日本模具专家宫川先生来中国访问，见到了“徒弟”魏小娥，此时，她已是卫浴分厂的厂长。面对着操作熟练的员工、一尘不染的生产现场和100%合格的产品，宫川先生大吃一惊，反过来向魏小娥请教："有几个问题曾使我绞尽脑汁想尽办法，但最终仍没有解决。日本卫浴产品的现场过于脏乱，我们一直想做得更好一些，但难度太大了。你们是怎样做到现场清洁的呢？100%的合格率是我们连想都不敢想的，对我们来说，2%的废品率和5%的不良品率天经地义，你们又是怎样提高产品合格率的呢？"

"用心！"魏小娥的回答看似简单，其实很不简单。

"世上无难事，只怕有心人"，只要"用心"，世上就没有不可能的事，但世上最难得的也是"用心"二字。

第6个要点：不要让一个问题变成一串问题

如果解决问题的方式不当，小问题可能变成大问题，一个问题可能变成一长串问题。

中国大酒店成立之初，聘请了一位外籍主管负责客房的管理工作。一天，他来到一间客房检查服务员的工作，发现桌子上的茶杯摆错了——酒店要求茶杯印有"中国大酒店"商标的一侧朝向房门，让旅客一进门就能够看到，但他发现茶杯上的那几个字摆向了相反的方向，于是狠狠地批评了当班的那个服务小姐。

服务小姐受不了被人当众斥责的羞辱，当即与外籍主管顶撞起来，认为他是"鸡蛋里挑骨头"，故意小题大做耍威风。外籍主管更是生气，批评她没素质，要好好反省。两人的争执引来了客人和其他员工的围观，大部分员工站在服务小姐一边，指责外籍主管过于苛刻。

外籍主管很委屈，向总经理反映情况。总经理温和地劝慰道："你有没有意识到，这场争执完全可以避免？也许你没有及时发现自己在管理工作中存在的两个问题：一是管理的方法问题，在中国，管理者对于员工的失误要循循善诱，不能在大家面前进行尖刻的批评，更不能无视员工的尊严大声训斥，唯有对员工满怀爱心，循循善诱，员工才会接受你的批评；二是在争执过程中，你们的争吵引来了很多顾客的围观，严重地损害了酒店形象。这样看来，你仅仅是发现了服务员存在的问题，却没有发现自己在管理上存在的问题，这才是导致这场激烈冲突的主要原因。”

外籍主管听了，连连点头，接受了总经理的批评。

在这个案例中，服务小姐放错杯子，只是一个很小的问题，因外籍主管处理不当，最后引发了主管与员工冲突、员工士气受挫、酒店形象受损等大问题，无疑是失败的处理方式。

女人们在处理问题时，可能比男人更容易发生让问题“滚雪球”的现象，尤其在处理家庭问题时，更是如此。本来是老公晚回来一小时的小问题，经情绪作用，最后吵成了“你不体谅人”、“你不负责任”、“你变心了”等大问题，最后又吵成了收拾行装回娘家、拿起笔来写离婚协议等老大难题。像这样解决问题，好比用百元大钞买一元小钱，又好比割肉减肥，那还不如让问题搁置呢！

所以，解决问题一定要注意方式方法，只能让大事化小、小事化了，不能搞“扩大化”。

第 7 个要点：向他人“讨主意”

你要相信，你想不出的办法一定有人能想出来，你解决不了的问题一定有人能解。除非你无人可以请教，否则就要尽可能向他人请教。这不仅是高效解决问题的良方，也能显示你谦逊做人的态度和文明典雅的风度，一举而三得，何乐而不为？

第4章 当生活的女主角

——幸福女人主导人际关系的必胜策略

巧争“话语权”，突破人心

“话语权”多大，影响力就有多大。

幸福女人可以没有职权，但不可没有“话语权”。一个人的权力大小，不一定由其职务高低体现，关键看其有没有话语权。末代皇帝溥仪，虽然名为皇帝，至尊无上，但话都是日本人替他说，他说了也白说，没人听从，所以他只能算是“傀儡皇帝”。诸葛亮任蜀国丞相，举凡军国大事，都要听他发言，所以他是事实上的“无冕之王”。还有孔、孟、老子，说的话直到今天还有人爱听，其“话语权”可谓其大无比。

“话语权”的大小，不以说话多少衡量，有的女人在公司里嘁嘁喳喳，在家里喋喋不休，可惜没人爱听、无人照办，等于无效发言。假币再多，不能当真钱用；废话再多，又有何用？当你说话时，如果老公闷头闷脑地坐在那里装哑巴，孩子对你的话公然提出挑战，说明你已经失去“话语权”。

你的“话语权”是如何失去的呢？或者说，如何取得“话语权”呢？这取决于你说话的态度、方式和内容。

第1个要点：确保说话的“含金量”

语言不仅是一种交际工具，更是一门学问，一门艺术，要说好并不容易。如何提高说话的“含金量”呢？最好是有思想、有见地、有智慧，能给对方带来积极影响。子贡说：“出言陈辞，身之得失，国之安危也。”意思是：表达观点、提出建议，关系到自身得失和国家安危。有人甚至说：“一言之辩，重于九鼎之宝；三寸之舌，强于十万之兵。”如果你的话具有如此高的“含金量”，那么，你一开口，全世界都会认真倾听，你的“话语权”就很有保障了。

对女人而言，还有一种提高“含金量”的方法：在说话过程中，保持轻松愉快的气氛。很多时候，人们并不需要得到思想、观点和建议，只想与人交流而已，甚至只是为了轻松一下。例如，相声、小品、名人访谈节目并无太强的思想性、艺术性，为什么许多人爱看，因为气氛轻松活跃，能满足人们放松心情的需求。在谈话过程中，你能让对方始终保持轻松的心情，无论你说什么，你的话“含金量”都很高。

第 2 个要点：谈正事要简洁准确

平时闲谈，只要气氛轻松活跃就可以了，如果你想“谈正事”，表达一个观点，提出一个要求，提供一个建议，要尽可能简洁明了。因为“谈正事”的时候，人们都有效率意识，你一句话说清意思，或用三句话阐明观点，给人的感受完全不同，所以切忌啰唆、冗长，宁可三句话作一句话说，不要一句话作三句话说。说话简洁，不要担心对方听不懂，因为对方的理解力通常比你想象的高。假设他真的没听懂，自然会询问你，你根据对方的提问，补充说明不迟。这样，你的话没有一句废话，给人效率极高的感觉。

第 3 个要点：巧妙突破对方的心理防线

说服别人，是行使“话语权”的主要手段之一。说服的一个最大障碍就是攻克对方的心理防线，消除对方怀疑与戒备心理。你的话语正好引起他的共鸣，他才会主动“开门”迎纳你。否则，这道防线将像一堵墙，使你的话说不到他的心里去，甚至产生反感。

怎样解除对方的心理防线呢？不妨试试下面的方法。

（1）利用同步心理。所谓同步心理，即人们凡事想跟他人同步调、同节奏，也就是“追随潮流主义”，是那种不愿落于潮流之后的心理。如果对方发现自己与潮流“不同步”，可能会因紧张而变得没主见，甚至掉入盲目附和的陷阱中。所以推销员或店员经常会搬出“大家都在用”或“有名的人也都用”等推销话语，刺激对方毫不犹豫地接受产品。你也可以利用对方的同步心理促使他接受你的观点。

（2）利用逆反心理。你也许有过这种心理：当别人告诉你“不准看”时，你偏要看；当别人禁止你那样做时，你偏要那样做。这就是“逆反心理”。有时候，欲望被禁止的程度越强烈，它所产生的抗拒心理也就越大。

逆反心理在孩子和某些领导者身上表现最明显，如果你善于利用这种心理倾向，就可以将顽固的反对者软化，使其固执的态度产生一百八十度的大转变。

（3）利用对方的危机感。在一定的条件下，每个人都会产生某种危机感，这种意识使他心生恐惧，并由此激发出强烈的要求改变的愿望。在与人交流中如果你能洞悉他的内心，巧妙地刺激对方的隐衷，使他内心的想法完全暴露出来，就能找到他的危机感。这个危机感就是你说服他的一把利器。

（4）树立共同敌人。在说服别人时，要懂得将小的共同点扩大，树立“共同的敌人”，使对方有同仇敌忾的感觉。《孙子兵法》中有“吴越同舟”这么一句话，原意是讲吴国和越国本是敌对的双方，但因同时面对魏国的威胁，在不得已的情况下，两国只好尽释前嫌，以对付共同的敌人。一旦出现了强大的共同敌人时，即使是敌对的两方，也会摇身一变而成为合作的对象。

只要善于突破对方的心理防线，就可以争取对方的理解和支持，为自己赢得助力。

第 4 个要点：用心理暗示引导对方的感觉

在很多时候，人们对某个人、某件事、某种东西，不能确定自己应该持何种态度，赞成还是反对？喜欢还是讨厌？接受还是拒绝？这就是说，人心像水一样，没有固定流向，你往哪个方面引导，人心就往哪个方向流。

有一位理发师，手艺非常棒，他的生意越来越红火。后来招收了一个徒弟。经过悉心传授后，这位徒弟正式上岗了。对第一个顾客，徒弟认认真真地对待，连一丝头发屑都不敢马虎，理完了，他拿一块镜子给顾客，那意思是说：你瞧！我的手艺还不错吧？

谁知顾客却不满地说：“你把我的头发留得太长了，我觉得不好看！”

师傅走过来，笑着说：“没关系，我来给你修修。”他一边动剪刀，一边跟顾客闲聊，说这个地方留下来会显得好看，那个地方应该压低一点……做完了，顾客很满意，在镜子前顾盼生姿，高兴地付钱离开了。

徒弟很沮丧地问师傅，是不是自己的活没做好？师傅摇头笑道：“不！你剪得很不错，但你剪完了什么都不说，拿一块镜子让他瞧，等于请他挑毛病，结果他挑出来的全是毛病。我告诉他那样剪如何如何好，他就只剩下满意了！你没发现我只动过梳子没动过剪子吗？”

在生活中，人们的态度经常处于不确定状态，他们可能认为专业歌手的唱功不佳，却可能为业余歌手热烈鼓掌，可能从不看名家的画作，却对小孩子的劣作赞赏有加。所以，你想让对方同意你，可能与你说的话、你做的事好与不好无关，完全取决于对方从你这儿得到了怎样的暗示。明白了这个道理，你随时能左右对方的态度。

用言语打动人心

一位哲人说：“世间有一种能力可以使人很快完成伟业，并获得世人的认识，那就是讲话令人喜悦的能力。”你有没有“话语权”，取决于他人。他人乐意听从、服从，你就有“话语权”，否则就会失去“话语权”。

幸福女人都有这项本领：“讲话令人喜悦。”只有这样，大家才会满怀欣喜地听从她，她也很自然地获得了“话语权”。

第 1 个要点：和悦的态度

一个完美的笑脸，胜过万语千言；一个和煦妇人，胜过绝世美女。有时候，你说了什么不重要，你的态度比什么都重要，你尚未开口，别人根据你的态度，已经作出决定：接受或拒绝。所以，说话时，要保持温和、友好、礼貌、真诚的态度。

第 2 个要点：不说负面话

有的人是“乌鸦嘴”，爱说负面话，等于给别人找难受。生活中有光明的一面，也有黑暗的一面；公司里有好的方面，也有不好的方面；工作中有开心的事，也有不开心的事；每个人都有可爱一面，也有讨厌的一面，综合地看生活、看公司、看工作、看人，一切都很正常，如果盯着不好的一面，就如同远离阳光，把自己幽禁在黑暗中。爱讲负面话的人，如同挡住美好的东西，专把丑陋的一面展现给人看，只会破坏别人的心情而已。

第 3 个要点：不在背后说人坏话

在背后说人坏话，对人际关系的危害极大，也是一种不道德行为。有一位旅行学者曾说："我在国外时，从来没有人在我面前说第三个人的坏话，我自己倒有时会犯这个毛病，在一个人面前对不在场的某个人说三道四。后来有人告诉我：'在我们这个地方，和一个人议论另一个人的事是不道德的。'我从那以后就把这个坏毛病彻底地改掉了。"每个人都有优点和缺点，都做过好事也做过让人不满意的事，你专谈人的不足，无疑会扭曲一个人的形象，形同诽谤。

古人说："来说是非者，必是是非人。"大家都知道这个理儿，所以，当你在背后说人坏话时，对方可能以"是非人"的眼光看你，从而影响你自己的形象。

第 4 个要点：赞美是送给对方的最好礼物

法国作家安德列莫洛亚说："美好的语言胜过礼物。"而真诚的赞美，无论过去、现在还是将来，都是最美好的语言。

人性中有一种显示自我价值的需要，这是人们乐于为他人服务、为社会服务的动因。真诚的赞美能激发人们的向善之心。一句轻轻的赞美，能使别人如沐春风、如浴甘霖。即使用最普通最平常的语言夸奖别人，对被夸奖者来说，意义也非同凡响，它可使心灵的荒漠变成绿洲，甚至可能因为这句话而改变一生。从这个意义上来说，赞美是最大的慈善。

此外，赞美之词能够将你的善意迅速传达给对方，是改善人际关系的一种有效方法。

不过，赞美也不可任意施为，一旦失度，则可能弄巧成拙。请注意如下要点：

（1）心存善意。嘴上甜蜜蜜，心里藏歹意，这是小人、奸贼的作为。如果你真心为对方好，你的话自然会变得比较动听了。

(2) 信任是最好的赞美。你欣赏对方的才能与品德，并且给予信任，对方从你的信任中感受到的赞美，甚至超过你直截了当的溢美之词。

(3) 用心观察对方的优点。你发现对方自己都没有发现的优点，并加以赞美，一定会让对方受宠若惊。更有价值的赞美是：把造成他自卑的特点解释成他独特的优点或魅力，将让对方深受鼓舞。例如，杰克·韦尔奇小时口吃，受人耻笑，他母亲告诉他，那是因为他太聪明了，他的语言跟不上他的头脑，结果，杰克·韦尔奇再也不为口吃而自卑了。不过此法需要极深厚的功力，如无把握，最好不要轻易尝试。

(4) 赞美要切合实际。赞美别人的缺点，不如打他一巴掌。赞美别人没有的长处，不如批评他一番。每个人都有值得赞美的东西，但你要费点心思把它们找出来。

(5) 恭维不可过多。适时的赞美很重要，天天把赞美的话挂在嘴上，就贬值了。

(6) 注意他人的忌讳。有的人并不喜欢直接的赞美，那就用其他方式使他感受到赞美。某些时候、某些场合不适于赞美，因为你可能使一个人高兴使很多人不开心，那么暂时不要赞美。

(7) 不要阿谀奉承。不要把万人皆知的优点拿出来恭维，也不要为了讨好而赞美。

(8) 最好不要当众夸上司。这样人们可能会认为你爱“拍马屁”。对别的人，是否当众夸奖，要视情况而定。有时候，你可能让其他人对被夸者产生嫉妒心理，也可能让被夸者心里不自在。赞美要看实际效果，如果效果不好，不如闭上嘴巴。

(9) 间接的方式可能更好。借第三者之口，送上你的赞美，更让对方喜欢。

第5个要点：“失意不快口”

“失意不快口”，就是说，当你遇到不开心的事时，不要急于把你的不开心说出来。这时候情绪不稳定，说话没经过头脑，很可能说错话，甚至会说很过分的话，给自己惹来麻烦。

三国时，益州有位名士叫彭羕。《三国志》说他“身长八尺，容貌甚伟，姿性骄傲，多所轻忽”，就是说，此人相貌堂堂，但性情高傲，瞧不起人。这种性格，使他的人际关系变得很糟，难获重用，仅在刘璋手下当一个小小的书记员。他对自己的怀才不遇很不满，常在人前发牢骚，指责上司和同僚的缺点，不承想激起众怒，大家一起去刘璋处告状。正好刘璋也很讨厌他的满腹怨言，于是将他“髡钳为徒隶”——剃光头发当奴隶，劳动改造。

刘备进占成都后，彭羕获得自由，经庞统举荐，受到重用，做了“治中从事”的高官。这时，彭羕还是没改掉瞧不起人的脾气，甚至变本加厉，终日“形色嚣然，自矜得遇滋甚”，一副小人得志的嘴脸。诸葛亮认为他“心大志广，难可保安”，于是建议刘备给予处分，刘备将他贬官为江阳太守。

彭羕受到处分，满腹委屈，跑到驻扎在边地的大将马超那儿，毫不顾忌地大骂刘备：“老革荒悖，吾必有以报之。”意思是说：那个老东西办事荒谬、不合情理，我一定会好好“报答”他。彭羕还劝马超说：“卿为其外，我为其内，天下不足虑也。”公然劝他跟自己里应外合一起谋反。

马超大吃一惊，立即向刘备打了小报告。刘备大怒，将彭羕抓起来，关入监牢，并跟诸葛亮商量，将此人处死。但诸葛亮判断，彭羕既无谋反的胆量，也无谋反的本事，大概只是发发牢骚。于是，刘备将彭羕开除公职，削职为民，让他回家发牢骚去。

任何人遇到失意之事，心情都好不了，但是，快口利舌发牢骚，有什么用呢？不过是往自己的伤口上撒盐，只会带来更大的痛苦。明智的做法是，闭上嘴巴，悄悄地待在一隅，舔自己的伤口，甚至根本不需要考虑自己的遭遇合不合理、公不公道。等伤养好了，不痛了，再来思考这件事不迟。

第 6 个要点：“得意不快心”

“得意不快心”，意思是说：遇到得意之事，不要高兴得太早，不妨想想，这是否是一个美丽的肥皂泡？不妨想想，“福兮，祸之所伏”，心里都不能高兴太早，自然更不宜把心里的得意表现出来了。嫉妒是人类的天性，你保持低调，还要担心别人的嫉妒，你自吹自擂，岂不等于刺激别人嫉妒心吗？

有的女人不明此理，常给自己找麻烦。南宋高宗年间，有一天，皇后在后宫设宴招待各位官太太和贵妇人。席间有一道稀罕菜——淮青鱼。这种鱼产量稀少，相当名贵，一般人根本吃不到。皇后一面招呼大家享用，一面问宰相秦桧的夫人王氏："你吃过这种鱼吗？"

王氏心想：淮青鱼算什么？别人稀罕，我可不稀罕。她不假思索地回答："我家的淮青鱼比这更大的都有，娘娘想吃的话，我明天派人给您送几条来。"

皇后默然无语。

王氏很得意，回来把这事讲给秦桧听。秦桧大惊失色，骂道："蠢女人！你闯大祸了！"

王氏不服气，经丈夫解释，她才明白确实说错了话，吓得不轻。试想，皇后乃一国之母，享用居然还不如一个臣子，心里能平衡吗？再者，淮青鱼何等珍贵，相府的淮青鱼又大又多，胜过大内，不贪赃枉法怎么可能？下属官吏将大鱼送给丞相，将小鱼送给皇上，不足以证明丞相擅权、架空皇上吗？

但秦桧不愧是天下一流奸臣，眉头一皱，计上心来，马上想到了补救之法。第二天，他让王氏派人送几条大草鱼进宫，谎称进献"淮青鱼"。皇后一看，不禁哈哈大笑："我正奇怪，相府的淮青鱼怎么可能比皇家还大？原来她把大草鱼当成淮青鱼了！"

王氏的日子过得比皇后还要丰盛，确实值得得意，但她把得意表现出来，就有问题了！激起了皇后及众多官太太的嫉妒心，会有好结果吗？

第 7 个要点：做一个有人情味的倾听者

表现欲不必太强。当你很想表现自己的时候，很可能忽略对方的心情，例如：一个人操纵谈话过程，不给别人说话的机会；为了证明自己是对的，与人争论不休；对别人的话，根本没有听完的耐心；对别人的口误，嗤笑不已，这都是表现欲太强的表现，只会让人反感。

在交谈时，与其做一个夸夸其谈者，不如做一个有人情味的倾听者。每个人都有倾诉的欲望，用你的耐心和人情味满足对方的倾诉欲望，他们就会视你为知己。

女人获得“权力资源”的六个观念障碍

领导力包含三个要素：友善，爱，权力。女人宁愿用友善和爱包围、牵引他人，而不是用权力操控他人。这是一个好习惯，从某种意义上来说，女人都是天生的领导者。

你想成为幸福女人，自然应该恢复自己的“领导本色”，成为操控者而不是被操控者。为此，你需要破除以下阻碍你向往权力的观念障碍：

第 1 个观念障碍：爱就是奉献

爱与奉献不能画等号。你怀着爱心，不合理地奉献，可能让你的爱变成伤害。例如，在家庭里，你爱老公，爱孩子，愿意为他们奉献一切，自己每天忙忙碌碌，却只要求丈夫和孩子们干很少的家务，甚至什么活都是自己快手快脚地干完，尽量不打扰他们。但这样做的结果是，你可能让你的孩子变得懒惰、不负责任，你可能让你的丈夫变成一个无视妻子苦乐的“坏老公”。而你的孩子原本可以聪明懂事，丈夫原本可以体贴细心，是你的“妇人之仁”使他们失去了向善的动力。

在工作单位，过度的爱也同样会造成负面影响，例如，尽量关心员工的待遇，对他们的要求却很低，你希望他们自动自发地工作，他们却自动自发地玩乐。他们原本可以变成忠诚敬业的员工，由于你的迁就，使他们失去了成长的动力。

爱如同滋养花草的肥料，肥料太少，花不开，草不发；肥料太多，花草都会腐败。如果你爱他们，就要考虑怎样才能使他们变得更好，而不是一味奉献。

第 2 个观念障碍：权力会损害女人的形象

“女强人”一词，在许多女人心目中几乎是一个贬义词。一个掌握着权力、操控着他人命运的形象，似乎是一个恐怖形象。有的女人相信：权力是和魔鬼达成的一种契约，它很容易造成以他人的屈辱为自己的快乐，其结果既伤害了他人，也损害了自己的可爱形象。

但是，权力和金钱一样，只是一种工具，并没有善恶之分，它们是否损害你的形象，取决于你运用它们的方式。你成功地运用金钱创业和做善事，会让你获得可敬可爱的形象。同样，你成功地运用权力改善他人的命运，也会获得令人崇拜和喜爱的形象。

第 3 个观念障碍：女人无力承担责任

“女人啊，你的名字叫软弱”——这是男人贴在女人身上的一个标签，许多人相信这个标签，并由此判断女人不敢负责任，也负不起责任。但事实上，女人的责任心比男人更强。在家庭里，女人经常担起不属于自己的责任，并把家人的失误归结为“这是我的错”，她们所能承担的工作量，是男人无法想象的。

在工作单位，女人比男人更容易成为自动自发的员工，对自己不感兴趣的工作，男人可能得过且过，但女人仍要求自己拿出像样的成绩。这跟男人和女人一贯养成的习惯分不开，比如，对不喜欢的家务，男人会撒手不干，但女人仍会克服自己的情绪，坚持干好。

女人之所以给人负不起责任的印象，还是因为她们不愿操控别人造成的，比如，不愿给家人或下属布置明确的任务，希望他们自己知道该干什么并主动去干。她们很在意自己的心情，因而对别人的心情考虑过多，担心命令别人干活会让别人不高兴，并给人留下“可恶的独裁者”的印象，因此，很少有女人愿意靠自己的职位来改变别人的行为。但是，这不意味着女人不善于分配任务和追究责任，她们只是不愿这样做而已。

一旦女人破除运用权力的障碍，就可能成为优秀的领导者。

第 4 个观念障碍：女人应该做幕后英雄

“贤内助”——这是好女人们背了一千年以上的荣誉称号。

“军功章有你的一半，也有我的一半”，这是对“贤内助”现代解读。

“男人征服世界，女人征服男人”，这是一条公认的聪明女人的进取之道。

不管哪种说法，都传递着同一个观念：女人应该做幕后英雄，通过她的男人实现自身的价值，并且跟她的男人共享成果。

但是，女人为什么不能当前台英雄呢？为什么不能自领“军功章”而要在男人那儿掰一半呢？为什么不能亲自去征服世界呢？许多人论述过这个问题，但没有人能提出一个真正站得住脚的说法。不是女人的能力不行，不是女人的胆不够大，退居幕后的原因，无非是女人在社会上的地位和传统意识所致。

在现代社会，你想成为幸福女人，就不必像古代女人那么谦让，你不妨大胆地跟男人争当英雄，让庸者下，能者上。

第5个观念障碍：权力意味着无休止的斗争

许多女人认为，权力意味着斗争，并且无穷无尽，不仅要忍受身心折磨，还需要牺牲美好的形象和幸福。

确实，权力离不开斗争。不仅权力如此，任何众人趋之若鹜的东西都离不开斗争，金钱，名誉，甚至于爱情，能够不争而获吗？这毕竟是一个竞争社会，没有什么是可以轻松获得的，害怕斗争就意味着远离成功，远离幸福。

德国作家乌特艾尔哈特认为：“一个女领导，如果能做到向自己的下属明确交代任务，公开监督他们执行工作的情况，一方面不允许他们消磨时间，另一方面又允许他们拥有足够的自由空间，那么她的权力就运用得非常得当。如果在此基础上，她愿意向员工提供进修深造的机会，适时地给他们增发薪水，加班给予合适的加班费，明确手下人的工作岗位职责，把有吸引力的工作交给他们去做，那么她肯定就会得到员工的拥戴，这表明她胜任自己的职位和地位，她向别人证明和展示了自己的领导才能和艺术。她的成功要归功于她善于领导人的诀窍，她具备了承担更加重要的工作的前提。这样，她就走上了良性螺旋上升的成功道路。”

第6个观念障碍：功名利禄如过眼烟云

中国的传统文化，可以归纳为两套学问：一套讲入世，把成功和幸福锁定于追求百世功业，“立德，立功，立言”；一套讲出世，视功名权势如“梦幻泡影”，“生不带来，死不带去”，所以用不着苦心追求，不如轻松做人。

两套学问都有道理，也都有局限性。建功立业是实现人生价值的重要途径，但不是唯一途径，能够让自己快快乐乐、轻松享受生活，也未尝不是人生的一大成功。但是，一味追求轻松做人也不行，人生除了精神享受，还需要物质享受，那就需要创造物质财富；除了自己快乐还不够，还要帮助他人快快乐乐，那就需要“立德，立功，立言”。

再者，功名利禄并非“生不带来，死不带去”，你出生时，就有吃、有穿、有房住，你名下甚至还有一笔财产，那是父母带给你的福禄；你离世时，又如何“带去”呢？把福禄留给那些你爱的人，不正是你的心愿吗？而且，你若是一个成功女人，许多年之后，你还没有从人们的记忆中抹去，人们还在津津乐道于你的趣事。

所以说，功名利禄绝非过眼烟云，对人生不能过于消极，生命很精彩，值得你去追求。而权力是人生中的一项重要资源，没有它，你的很多心愿，永远不能实现；一旦你拥有了它，就有机会把心愿变成现实，你的人生价值也得到了更充分的展现。

先有“粉丝”，后有权力

幸福女人的周围需要一批快乐的人，还需要一批有力量的人，他们是她的忠实“粉丝”，乐于以她为圆心运转。

世界需要一些中心人物，也需要一大批“粉丝”？威廉·沃克·阿特金森说：“不管你有多强大，多么有才能，仅凭自己的能力，你永远也做不了什么。每个个体都是相互依存的。一旦个体脱离群体都会无所作为。因为他必须和他人进行协作和协调，以达到适应环境的需要。”不管你愿不愿意，大家都需要结合在一起，共同工作，共同生活。而结合的方式是：较有吸引力的人成为中心人物，被吸引的人成为“粉丝”。很显然，一个群体的权力主要由中心人物掌握，但权力因“粉丝”而生，没有“粉丝”，就无所谓权力。

人类社会的活动规律与宇宙的运行规律十分相似——一些行星围着一颗恒星转，组成一个星系，一些星系又组成一个更大的星系……而其中起关键作用的是吸引力。在人类的世界里，一个中心人物的吸引力越大，越是能吸引更多人在自己周围，形成一股更强大的势力。当然，“中心人物”并非绝对，只是相对而言，在一个群体中间，你是中心人物；而在另一个群体中，你又是“粉丝”，所以，最好不要有“天上天下，唯我独尊”的心理，也不要顽固地拒绝被别人吸引，正确地做法是：自然地吸引他人，自然地被他人吸引。

那么，如何增强你的吸引力而获得更多“粉丝”呢？最好的办法是建立令人惊叹的事业，名扬天下。当然，这很难，对大多数女人来说不适用。除此之外，还有一些通用方法：

方法1：真诚——在真实和诚意之间实现动态平衡

作家沃尔特穆迪说：“我们发现，具有个人吸引力的人对人对事都非常真诚，他们的真诚对他人就很有吸引力。”

吸引力是一种心灵感应力，所谓真诚，不是简单的真实，也不是全然理性的诚意，而是带着感情的热诚。一位作家曾说：“我们当中某些人具有吸引力，而某些人没有。某些人给人热情、有活力和吸引力、适合做朋友的感觉，而某些人却给人冷冰冰、有智慧、善于思考、缺乏个人吸引力的感觉。即使这样的人做演讲，他的满腹才学也只能起到催眠的效果，让听者酣然入睡。他所讲的，听众根本不会听进去。因为他只会教他们理性思维，而不是感性思考。而理性思维正是对大多数人来说最令人疲劳的，这样的演讲者极少能够取得成功。因为人们习惯于感性思维，他们期待演讲者所说的能够令他们发笑或满足他们的感性思维。而如果与期望相反的话，则会激起他们的反感而不肯花费一分钱或时间。如果让一位学问只及前者一半、但对人热情的人来做演讲的话，效果就会好得多。因为他让听者感觉很舒适，他们会很认真倾听他说的一切。原因显而易见，感觉总是优于理智，感性思维优于理性思维，永远都是这样。”

有人说，女人是感性动物，这对女人而言并非坏事，因为感性带来的吸引力胜过学问。不过，感性需要用理性为经，如同一颗颗珍珠，用金线串成珠串。可惜的是，很多女人不太善于运用理性驾御自己的感性，使它变得零零散散，如同花朵，飘飘散落，结果“零落成泥碾作尘”，虽有“香如故”，只能让人怜惜，难以让人欣赏。

真诚是感性和理性的结合体，其核心是一颗希望他人幸福快乐的好心，并以这颗好心支配自己的言行，如此，你就会对他人产生强烈的吸引力。

方法2：特色——在相同之中寻求不同

古人说：“道不同不相为谋。”观念相同的人，才会成为你真实的“粉丝”。

在任何一个大小群体，都有自己的核心价值观，比如，山里人淳朴，城里人市侩，中国人重视家庭亲情，美国人强调个人独立……你想融入某个群体，就要接受其观念；如果你的个人观念与该群体相冲突，最好不要进入这个群体，否则会格格不入。

有的人不明白观念相融的重要性，事事背道而驰，一旦遭受挫折，就吹嘘什么“曲高和寡”“木秀于林，风必摧之；行高于众，人必非之”，不知自省，只知抬高自己、贬低别人。这都是迂腐冥顽的人，他们生存于世的最大用途是给别人制造麻烦和不开心，也让自己麻烦不断、心情郁闷。

相对来说，女人比男人更容易接受其他群体的观念，并迅速融入其中。例如，乡下的女孩来城里生活，不过一两年，从外表到言行都变得像城里女孩；城里的女孩嫁到乡下，要不了几年，跟那儿的村妇几无差别。但男人不同，往往会牢固地坚持自我。乡下的男孩来到城市，一二十年还能看出乡下人的痕迹；城里的男人住在乡下，一二十年还端着城里人的架子。

当你进入到一个小群体，如果观念不同，很自然地会受到排挤。如同安徒生童话故事中的“丑小鸭”，本是天鹅的它，身处鸭群中，结果成了被欺负的对象，原因竟是这样简单——

“请你们不要管它（丑小鸭）吧，”鸭妈妈说，“它并不伤害谁呀！”

“对，不过它长得太大、太特别了，”啄过它的那只鸭子说，“因此它必须挨打！”

不同就要挨打，这是遍布世界每一个角落的现象。你想免于挨打，就要追求相同。

但是，相同不等于雷同，否则就会变成庸人一个。最好是“和而不同”，一方面，尊重群体的价值观，在个人形象、言行风格方面却保持自己的特色，这样你才比较容易从群体中脱颖而出。如果你能用自己某些优秀观念影响和改造群体价值观，并形成新的核心价值观，你就能成为这个群体的领导者。

方法3：愿景——为大家描绘一个激动人心的目标

大多数人具有为一个高尚目标无私奉献的精神，他们之所以在日常生活中显得那么庸俗、自私，因为他们看不见高尚目标，而且正被轻视和享受不公平的待遇。如果你能找一个确有价值的高尚目标，并把它的美好前景描绘出来，就能把许多人吸引过来，让他们不计得失地为实现这一目标奋斗。

有一位大学刚毕业的新员工，应聘到一家小软件公司。公司交给他一个项目：根据科幻故事，编写一个教育电脑游戏。名义上他是项目经理，但他没有秘书，没有员工，也没有程序员。很显然，靠他一人，不可能完成这个大项目。

他决定寻求志愿者。于是，他编写了一份项目介绍，谈这个产品的全新突破以及未来远景。他通过内部邮箱，将项目介绍发给了公司一百多个人。不久后，有6名工程师自愿在业余时间协助他做这项令人惊奇的工作。很快，人数增加到20名。公司的高层领导受到鼓舞，最后，整个部门的人都委派给他，或为他做兼职。这个因共同志愿组建起来的新团队爆发出惊人的创造力，很快开发出5种新产品，创利数百万美元。不用说，这个年轻人从此走上了领导阶层。

领导者是为大家提供梦想的人，假如你的梦想不是那么虚无缥缈，假如你的梦想能为大家、为社会带来令人惊喜的新价值，那么，你把它描绘出来，展示于人们面前，就能让很多人被深深吸引，并围绕在你的身边，与你一起奋斗。

方法4：爱——全心全意爱护你的追随者

有一个故事：罗斯玛丽修女在路边见到了一名正在沿街乞讨的衣衫褴褛的少女，她望着眼前的少女，抑制不住内心的悲伤，忍不住对上帝提出了质疑："上帝啊，眼前的少女这样可怜，你怎么可以不管她呢？你为什么连一件事情都没有为她做呢？"

上帝回答道："我已经为这个少女做了一件事情，那就是创造出了你。"

世界上有许多深陷烦恼痛苦的人，所以上帝创造了你，一个充满爱心的女人，你可以用爱抚慰他们的心，给他们带去希望。于是，他们也成了你的追随者。

一个优秀领导者绝对不会心存利用追随者的念头，她（他）真的爱他们，愿意像老母鸡护着小鸡一样护着他们，于是，他们也为之深深吸引。

女人最不缺少爱，而且女人的爱更真挚，更少功利心，这是女人的最大优势。所以说，女人都是天生的领导者。

方法5：距离——成为像玫瑰一样美丽而又坚强的女性

女人都是天生的领导者，但在现实世界里，担任领导工作的女性却比男性少得多，为什么？一个重要的原因是：女人不善于保持距离。一旦女人接纳了某个人，距离就消失了，难以划出明显的界限。在处理公事时，很难做到公事公办。

如果你想获得并行使权力，最好学会如何跟追随者保持距离。好比太阳系，七大行星是太阳忠实追随者，永远保持着远近不等的距离，维持着星系的运转，一旦距离消失，行星、卫星们都跟太阳挤在一起，星系就消失了，而太阳也会因为难以承重而累垮。

如何保持距离，不妨向玫瑰学习，玫瑰美丽而有刺，宜于远观，不宜近取。这就是说，女人在保持亲和力、吸引力的同时，也要用某些原则树起一道屏障，以保持凛然难犯的威严，这样，你才能顺利维持整个团队的有效运作。

修炼神奇领导力

相对来说，女人们比较偏爱非权力影响力，不太喜欢权力影响力，也许更容易修炼出神奇领导力。

1. 信念的力量

你是否坚信，当你拥有一个理念并付诸行动的时候，只要你坚持到底，你一定可以改变周围的环境、改变整个行业甚至整个人类的观念?

普通群众对任何事都半信半疑，如果你没有信念，他们同样会怀疑你。如果你有坚定的信念，并且坚定不移地向目标进发，他们受到感染，就有可能对你深信不疑。

2. 慷慨度众

许多人以为，想做一个成功的领导者，必须成为极端自我主义者，毫不留情地利用别人实现自己的目标。

但真实的情况也许正好相反，优秀领导者通常是慷慨的人，他们的目标，往往锁定为创造团队利益、社会利益，而非单为自己。为了一个利益大众的目标，他们可以牺牲休息时间，牺牲安逸的享受，牺牲天伦之乐，极端情况下，他们甚至愿意舍弃自己的生命。

3. 责己不责人

一个优秀的推销员不会抱怨顾客不买他的产品，他会反省自己的推销方式是否迎合了顾客所需。同样，一个优秀的领导者不会抱怨员工不服从他的领导，他会反省自己的领导行为是否没有做到家。

强求别人，等于迁就自己；而严格要求自己，会促使自己不断提高。

4. 随时倾听下情

领导者和群众是鱼水关系。老子《道德经》说："鱼不可脱于渊。"用现代话说：鱼儿离不开水。也可以说：密切联系群众。

高高在上的领导者将变得越来越不切实际，并渐渐丧失民心。而优秀领导者随时深入到基层群众中间，倾听他们的意见和呼声，并据此制订和调整政策，于是，人们真切感受到他是自己的代言人，并且真心拥戴。

5. 清醒的价值判断

有一句话说得好：不要给树根已经腐烂的树浇水。其意是说：不做无用功。如果用经济学原理来分析，最成功的人总是投入最多时间做产出最大的事。优秀领导者最擅长判断事情的实际价值，并根据价值大小排定优先顺序，以确保自己总是在做相对而言最有价值的那件事。

判断事情的价值大小时，女人比较容易陷在琐事中，不分轻重缓急，见什么就做什么。这样处理家务或许可以，在工作中，有必要养成判断价值大小的习惯。

6. 心如花开

一家花店要聘请一位售花小姐，有三个女孩前来应征。第一个女孩有工作经验，轻车熟路；第二个女孩受到过专门的花艺培训；第三个女孩是生手，但脸上常带着灿烂的笑容。老板拿不定主意，决定把她们都留下来实习一周。最后，老板决定留下第三个女孩。她虽然没有经验、没有专业知识，但她学得认真，而且她接待客人的态度让人感动。一些残花她总舍不得丢掉，而是修剪一下免费送给光顾花店但没买花的人。而且，每一朵花从她手中卖出去，她总要微笑着说一些祝福的话，例如“鲜花送人，余香留己”。总之，她把这份工作当成一个快乐的享受，别人也能从她的工作中感受到快乐和温暖。

老板评道：“花艺只要有心，就可以学到，经验通过实践，自然可以积累，唯有如花般的心情最可贵。这是一个花店工作人员应该具备的重要素质。”

心如花开，也是一个优秀领导人最重要的素质。有一颗这样的心，才能培养一个快乐的团队。而快乐的团队通常也是成功的团队。

7. 不变的原则

领导是掌握原则的人，建立原则，执行原则，坚持原则，这是领导者最重要的工作。松下幸之助曾说：“原则比千军万马更重要。”

你的原则不一定要完全正确，但一定要稳定，不要轻易改变。这有什么好处呢？请看一个真实故事：

17 世纪时，朝鲜庆州的崔氏家族是当地有名的大粮户，崔氏家族有 6 条代代相传、绝对遵循的原则：

在科举考试中，决不参加进士以上考试；

财产不能积攒到 1 万石以上；

款待来客；

灾荒之时不乘人之危买进别人的农田；

崔家的媳妇入门后 3 年内只能穿布衣；

不准许四方百里之内有被饿死的人。

凭借这六条原则立身处世，崔氏家族不仅得到了上层社会的尊重，也得到了平民阶层的认可。一般人家“富贵不过三代”，崔氏家族却兴盛了 300 余年，共有 12 代传人，直到 1950 年，该家族将全部资金捐出，建立了两所大学，才结束了显赫的历史。

确立了原则，你才能保证做正确的事；保持原则不变，你才能确保总是做正确的事，于是，别人也真正认识了你。如果他们认同你的原则，也会彻底信服你。

8. 培养甄别善恶的勇气

许多人的想法是：别人做得，我为什么做不得？

在这种观念支配下，跟着别人一起为善，一起为恶。

跟着别人做好事，没有问题；如果别人做的是不合理、不合法、不合道德的事，为什么要跟着做呢？且不说随之而来报应，将自己的道德修养降低到普通人的水准，不是优秀人士的风格，更不是领导者的风格。

一个人格杰出的人，必有辨别善恶的能力，并且有拒绝为恶的勇气。

9. 尊重公众的价值观

有人发现了历届美国总统的一个特点，他们家庭看起来就像从一个模子里倒出来的：

妻子没有不端庄贤惠的，
孩子没有不聪明可爱的，
小狗没有不机灵活泼的，
草坪没有不碧绿整齐的，
……

从情理上说，每个总统各有不同的出身、教养、个性，处事风格也各不相同，他们的家庭怎么可能如此相似呢？答案其实很简单：美国人民要求总统有这样的家庭，他们为了竞选总统，只好努力建设这样的家庭，或者包装出这样的家庭。所以说，总统的家庭，反映了美国公众对完美家庭的看法。

有一句话说得好："众人是圣人。"一个领导者，最好迎合公众的价值观，不要跟公众的好恶背道而驰。不过还有一句正好相反的话："真理往往掌握在少数人手里。"此言也有道理，有时候，领导者需要听从少数人的意见而独断。什么时候遵循前一句话，什么时候按后一句话办，分寸的把握，需要很高的智慧。

一般来说，以众人为"圣人"和听从少数人的"真理"的比率最少要达到9: 1，否则，你表面上是一个强势的领导者，却在经营着一项正在走向失败的事业。

打理好你的人脉资源

人脉资源左右着机会的得失、业绩的高低、金钱的多少，还左右着你的生活质量和幸福指数，所以对人生的关系极大。Mankeep 是现在很流行的一个词，通译为"人脉经营"，斯坦福研究中心曾经发表一份调查报告，结论指出：一个人赚的钱，12. 5% 来自知识，87. 5% 来自人脉。

聪明人总是有意识地积累人脉资源，并且把它当成头等大事。以美国前总统小布什为例，他的成功，可以说是人脉的成功。在耶鲁大学读书期间，他主修历史，成绩很一般，大多数课程仅得 C。他还修过政治学和经济学，成绩也很一般，他把大多数时间用在跟“狐朋狗友”的玩乐上，酒馆、舞厅、迪吧等娱乐场所都是他经常光顾的地方。在很长一段时间里，老布什对这个浪子的前途忧心忡忡。

然而，小布什虽然在读书方面乏善可陈，在交友方面却有过人之处。大学 4 年玩乐嬉笑中，他结识了当时耶鲁大学四分之一的在校生，这 1000 多名同学成为他日后经商和从政的最大资源。

在男性相比，积累人脉资源，是女人的一个弱项。如何积累人脉资源呢？有如下要点：

1. 多交能助你上进的朋友

（1）能帮助你纠正错误的朋友，可以长交。一个人最少应该有一位能够给自己指出错误的朋友。这种人坦率真诚，不善于巧言伪饰，也不会“逢人且说三分话”，他们的话可信度甚高。这是一个充斥着错误的世界，连上帝也会犯错。更糟糕的是，人们经常将错误当成正确，在同一块石头上一次又一次地绊倒。如果有一个人适时指出你的错误，那是莫大的幸运。但是，那种心直口快、好贬低别人而抬高自己的人不在此列。

（2）能为你带来利益的朋友，可以重点交往。也许你讨厌谈论利益，但不得不追求利益，所以，那些能为你带来利益的朋友，始终是你重点交往的对象。

（3）能提供信息的朋友，可以适时交往。有些朋友能为你提供一些新信息，帮助你拓宽视野，激发创意。这种朋友不用经常交往，每隔一段时间，大家聚在一起，喝喝酒，聊聊天，交流一下所见所闻所思所行。如果经常交往，大家都无新信息，不过是浪费时间而已。

（4）能让你感受到纯真友谊的朋友，三五位足矣。不在乎利益的朋友之情是弥足珍贵的，它能让你在金钱的冷漠面前感受到丝丝暖意。不过，感情需要经常交流才能维系，否则它会渐行渐远，直至无影无踪。由于你没有那么多时间维系朋友之情，只好忍痛割爱，保留你最珍惜也同样珍惜你的几位，其余的只好顺其自然了。

（5）能陪你享乐的朋友，随取随弃。除了陪你吃喝玩乐之外没有多少其他价值的朋友，只宜维持泛泛之交，不宜密切来往。

2. 不受恶性人际关系的影响

“尊谁为师，以谁为友”对人生有决定性影响。2600 年前，释迦牟尼反复告诫“莫与愚人为友”“莫与恶人为友”，并说：要与比自己优秀者为友，要与走真理之路者为友。若不能交良友，与愚人恶人为友，不如像犀牛角那样独来独往。

有几种朋友，最好远远避开：

（1）“债主式”的朋友。有的人交朋友就像“放高利贷”，他送给你一滴水的恩惠，恨不得你用一条大河回报他。他给你的，永远是“本钱”；你给他的，永远是“利息”。一旦欠了这种人一个人情，还他多少也清不了账，他从你这里得到了多少，全不记得了。所以，如果你欠了这种人一个人情，要赶紧清账，而且郑重声明是还他某次的人情。

如何识别“债主式”的人呢？这种人表面很豪爽，爱吹嘘自己如何如何讲义气，帮过谁谁的忙，从不认为自己亏欠别人什么。有时还会发牢骚：“如果不是我，他哪有今天！”好像别人打出天下，非得分他半壁江山才合道理。所以，你若欠了这种人一个人情，若不及时还清，日后不损利益，也损名声。

（2）“记过忘恩”的朋友。这种人自我意识特别强，除了自己，心里再无别人。他们一般没有要好的朋友，即便有也长不了，而且他们认为断交的原因总是别人得罪他。对这种人，给他再多的好处，他也认为是自己凭本事赚来的；给他再多的温暖，也无法融化他心底那块坚冰。所以，你最好对他敬而远之。万一回避不了，给点好处没关系，千万别得罪他，否则他会记恨在心，直到将损害加倍奉还给你。切记，对父母毫不尽孝道者，十有八九是“记过忘恩”式的人。

（3）“出卖感情”的朋友。这种人除了他那张善于自我表白的嘴和他自称的交情外，再也没有什么值得欣赏的东西。他想要你帮忙，恨不得你“送佛送到西”；你想要他帮忙，稍微麻烦一点就借故推脱。而且他忽然答应帮你一个大忙，往往是出卖你的开始。这种人一般是酒肉朋友，好像关系很铁，但你只要回忆一下平日与利益有关的事，十有八九是他用交情换你的利益。对这种人，不妨疏远一点，尤其不能将关系到重要利益的事托付给他，也不要将重要朋友介绍给他。因为他会侵占你的利益、欺骗你的感情。你如果想试试他，不妨假称自己倒霉，向他借钱，那么，他很快就从你身边消失了，也许要过3个月才能再见到他。

（4）“有奶便是娘”的朋友。这种人只讲利益，毫无原则，头脑中没有什么正当和不正当的概念，只要有利可图，什么都敢做，包括出卖朋友。这种人一般是不见兔子不撒鹰，哪里有利益，就在哪里交朋友。利益没有了，朋友便成泛泛之交。跟这种人打交道是可以的，但千万不要将机密告诉他。因为出卖别人的机密也是他获利的方式之一。比如，你说了老板的坏话，这些坏话就成了他向老板邀宠的贡品。他还可能为你制造机密，比如，向你行贿，诱你陷入绯闻中，凡此种种，立即成了他控制你的武器。

3. 随时培育有价值的人际关系

一个成功的幸福女人，善于把握机会培育有价值的人脉资源，例如，参加婚宴，你可以提早到现场，那是认识更多陌生人的机会；参加活动，多与他人交换名片，利用休会的间隙多聊聊；在外出旅行过程中，也可以主动与他人沟通，等等。那么，哪些人际关系比较有价值呢？一些有经验人士总结了人脉网中应该有的10种人。有了他们，你生活和工作起来就会左右逢源，轻松愉快。

一是好朋友；二是政府公务员；三是警察；四是本小区的物业管理人；五是医生；六是汽车维修人员；七是保险专家；八是名人；九是律师；十是媒体记者。

4. 经营人脉应考虑自身承受力

经营人脉也需要投入成本，需要考虑自身承受力，就和做生意一样，最好有多少钱办多少事，不要勉强为之。经营人脉主要需要三种成本：

（1）时间。朋友之间需要互相投资时间，很多人都期待得到却从不肯付出。当需要他们为别人牺牲私人时间的时候，各种各样的借口就随之而来——“业务太忙”“今天我会加班”“其实我也不擅长这件事”“你还是找别人吧”……如果你经常被这样的借口推脱，可能说明你的人脉不是太少，而是太多了，你有必要整理一下，哪些次要的人际关系是可以从人脉网中删去的，然后用有限时间维持更有价值的人际关系。

（2）诚意。曾经有一个弟子向自己的老师提出了这样的问题：“我为什么总是感觉不快乐呢？为什么没有人能让我拥有幸福的感觉呢？”他的老师笑了笑，回答说：“你应该不会想以一升的容器去盛一斗米吧？就像不能拿着一小块布去裁缝店要求缝制一件衣服一样。同样的道理，既然你没有让别人感到过快乐，而是一直眉头紧皱、不给别人靠近的机会，别人又怎么可能带给你快乐呢？如果你不先尝试着付出，别人又怎么会知道你想要的是什么？”

这位老师所说的话其实就是一句浅显的道理：“春天播种，秋天收获。”人际关系需要互动，你希望得到别人的诚意，自然也要付出同样的诚意。如果只是为了办事方便与人结交，那不是诚意而是势利，就很难维持双方的友好关系了。

（3）金钱。无论是男人还是女人，都不喜欢太吝啬小气的人。出外就餐时总等着别人买单，逛街时总想要别人帮忙付账，就算是女人也不应该只是接受别人的付出，要知道，只有一方付出金钱必然会破坏彼此之间的平等、平衡的关系，不过，在花钱的时候，过于计较“公平交易”也不可取，维持在大均衡、双方开心的范围就可以了。假如一方比较阔绰，对承担小账没有压力，多买单也没有问题。但在阔绰的朋友面前，千万不可抱着“吃大户”的心理。

总之，经营人脉不仅需要时间、诚意，也需要财力，最好控制在你能轻松驾驭的范围，如果难以承受，就有必要为过度的人情“减肥”了！

影响力：成为他人眼中的“高人”

女人也许宁愿被称做“美人”而不是“高人”，“美人”和“高人”都有很大的影响力，但“高人”的影响力更持久。当然，你也可以成为一个美丽的高人，两者并不矛盾。如倪萍、杨澜等“大姐大”级的人物，她们之所以风行天下、名声不衰，还因为她们是高人。

如何成为高人呢？有三大要点：

第 1 大要点：专业——在本行业内取得话语权

知识有两种：其一为一般性知识，其二为专业知识。不论你拥有多么丰富的一般性知识，在你的生活中，也许只有一点点用处。许多人集各种庞杂的一般知识于一身，可谓学富五车，但他们不一定很有成就。反之，那些成就瞩目事业的人，往往拥有丰富的专业知识。不管你相不相信，世界上 99% 以上的杰出人士都是某个方面或某几个方面的专家，他们有资格在专业范围内发表权威的声音，并进而使他们在其他方面也获得话语权。

知识不一定能带来财富和成功，除非你善加运用，并以实际的行动计划精心引导，才能达成目标。很多人不了解这个事实，以致误估了“知识就是力量”，事实上，知识只不过是“潜在的”力量而已，只有经过组织之后，变成明晰的行动计划，才能发挥出力量。而且，你的知识必须对路，否则也无法有效组织起来变成力量。

而且，取得杰出成就的人，无一例外拥有非常丰富的专业知识，是一个行业的专家，是真正的“高人”。当然，你必须承认，实践经验也是知识，是暂时没有写在书本上的知识。

你想成为“高人”，必须通过各种途径获得专业知识，包括读书、求教和自我总结，如果你的专业知识无论如何达不到完成某项工作的要求，还要具备借助“智囊团”和组织他人共同完成工作的能力。

专业知识在你的人生和事业上的作用远远大于一般性知识。那么，怎样才能取得你所需要的专业知识呢?

首先当然要理智取舍。你需要哪一类专业知识?你人生的主要目标、你努力的方向，是帮你决定需要知识的重大成因。解决了这个问题，你的下一动作，一是你要有正确的资讯，知道哪些知识来源是靠得住的。二是吸收知识的时候，还必须加以组织和使用，通过务实的计划达成确切目标。除非知识能针对某个值得努力的目标应用才能获益，否则知识不会自动产生价值。

当今，是知识经济时代，是学习的时代，更是专业的时代！某些领域的专业人才，尤为吃香，例如，受过专业计算机知识教育的 IP 类人员，各类工程师、建筑师、化学师、人力资源管理人员、新闻从业人员以及杰出的领导人员等。所以，你不必炫耀自己看过多少本书，而要反省：是否具备足够的专业知识?当你成为专业出众的“高人”时，也成了他人眼中的“香饽饽”。一旦开始某个专业项目或遇到某个专业难题，大家首先想到的就是倾听你的意见，各种好机会也会主动找上门来。

第 2 大要点：特长——选择一种聪慧的生存方式

一个行业的专家很多，想成为专家中的专家，并非易事。但是，你若拥有某项同行没有的特长，你就能脱颖而出。例如，在历史学界，论专业素养，易中天等称雄中央电视台“百家讲坛”的人，未必有优势，但他们有化繁为简、用趣味故事铺陈史料的特长，而那些“学究”们没有，于是，他们占据了历史讲坛。

《读者文摘》曾登载一篇文章，介绍美国移民局发生的一件奇事，大意是：许多有钱、有文凭的人在申请美国绿卡时，都因条件不足而被拒，在排队申请的人中，有一位中国中年妇女，从她被晒成古铜色的皮肤看，可以断定她是一位户外工作者。而且，她只能用英语说“你好”“谢谢”等简单的日常用语，一同排队的人都很稀奇：以她的条件，怎么可能获得绿卡。但这位女士非常自信，她的申报理由是有“技术专长”。移民官看了看她的申请表，问她：“你会什么?”她回答说：“我会剪纸画。”说着，她从包里拿出一把剪刀，轻巧地在一张彩色亮纸上飞舞，不到 3 分钟就剪出一些栩栩如生的动物图案。

美国移民官瞪大眼睛，像看变戏法似的看着这些美丽的剪纸画，竖起手指，连声赞叹。这时，她从包里拿出一张报纸，说："这是中国《农民日报》刊登的我的剪纸画。"

美国移民官一边看，一边连连点头，说："OK!"

她就这样"OK"了，顺利拿到了绿卡。

这就是特长的价值！你可以不懂金融，你可以不会电脑，也可以不会英语，但你有别人没有的特长，你就能成为"领头羊"。

许多没有文凭、没有背景但有特长的人，频频在电视上亮相，成为媒体争捧的对象。在广西某风景区，有一个女士，号称"草鞋大王"，她会编现今早已落伍的草鞋，还有其他漂亮的草艺品，她的生意兴隆，还有十几家电台采访过她。而那些没有特长的人，也许一辈子都不会有这样的机会。

特色就是竞争力。培养特长，无疑是一种投入较少、产出较大的聪慧的生存方式。

第 3 大要点：营销——你要有发现需求的眼光和打动人心的能力

某人一心一意想升官发财，可是从年轻熬到白发，还只是个小职员。他为此极不快乐，每次想起来就掉泪，有一天竟然号啕大哭起来。有人觉得很奇怪，便问他因为什么难过。他说："我怎么不难过？年轻的时候，我的老板爱好文才，我便学着作诗写文章，想不到刚觉得有点小成绩了，却又换了一位爱好武艺的老板。我赶紧又改学武功，不料老板嫌我学历太浅，不够老成，还是不重用我。后来，又换了一位老板，我自认文武兼备，人也老成了，谁知老板喜欢青年才俊，眼看我年龄渐高，马上就要退休了，仍然一事无成，怎么能不难过呢？"

这个人真是不走运，一辈子努力进取，专业能力也很出众，却无人赏识，找不到用武之地，身负才干，却沦落到平庸者中间。

但是，他真的是生不逢时吗？任何一个时代，都需要人才，只要是真正的人才，没有被埋没的道理。所谓"英雄无用武之地"，只能说明当事人不是英雄。

如何向世界证明自己的强大呢？你首先要有发现需求的眼光，而最重要的是发现潜在需求，那是别人不易看到的机会。故事中的那个“倒霉蛋”只能发现上司的显在需求，他能看到，别人自然也能看到，显而易见的机会，大家一起竞争，只有最强者能胜出，而他恰好不是最强者。

此外，能力不足而有上升潜质的人，也可能引起老板的兴趣而加以培养，以待日后重用。故事中的那个“生不逢时”者，一味靠专业才能取悦老板，不知道如何把自己的优秀品质展现出来，不知道如何赢得老板信任，怎么可能受到重用呢？

在商店里，卖不出去的不一定是残次品，许多价廉物美的东西摆在货架上无人问津；在人才市场上，找不到工作的不一定是无能之辈，许多才干、品行出众的人也处于失业状态。所以说，营销才能很重要。你应该具备主动“推销”自己的意识，要有发现“顾客”潜在需求的眼光，还要善于表现自己的美质，使人们认识到你的真正价值。

第5章 赢在职场

——幸福女人经营事业的6条原则

选定升值平台

幸福女人都有一个特点：处在一个能让自身优质资源升值的平台。

平台的价值难以估量，大树比小草高，但山脚下的大树永远达不到山顶小草的高度。玫瑰的种子落在荒漠还是沃土，结果将很不一样。人也是如此，你本人的努力只是一个方面，你身处的平台将增益或制约你的成长。“职场超女”和“职场弃女”之间，在才干方面未必有明显的差异，但选择平台的眼光，将会给她们带来苦乐不同的命运。

如何选定理想平台呢?

1. 选定最佳才能区

人的才能可分最佳才能、次佳才能和一般才能，而最佳才能区是最容易出成就的地方。人生的成功，很大程度上取决于你是否把事业目标定位在自己的最佳才能区。找准了位置，你就是英雄；找不准位置，什么也不是。童话大王郑渊洁读小学时，数学老是不及格，气得老师说了一句很伤他自尊的话：“郑渊洁，将来咱班最没出息的那个人，就是你!”但郑渊洁有写作天赋，写出了一个个让孩子们着迷的童话故事，成了著名作家！后来，郑渊洁接受采访时，被问到成功秘诀是什么，他说：“一句话，我找到了自己的最佳才能区，这是上帝赋予每个人的特殊能力，是任何人代替不了的。什么是最佳才能区呢？就是自己最愿意做、做起来感到最轻松的事情，这种最擅长的能力就是最佳才能。我之所以能有今天的成绩，主要是因为我认识了自己，认识自我才是自我发展的开始。”

美国当代著名组织管理专家霍兰德创立的人格类型理论认为，在现实中，可以将人的人格分为六种类型：实际型、社会型、探索型、艺术型、事业型与传统型。此处所谓“人格”，是指知识、技能、性格、气质、价值观、心理素质等综合而成个人特征，也可以说是“最佳才能区”。霍兰德还认为，一个人在与其人格类型相一致的环境中工作，容易得到乐趣和内在满足，最有可能充分发挥自己的才能，也更容易做出成效。

（1）实际型。这类人的特点是喜欢机械、工具、植物或动物，偏好户外活动。动手能力强，心灵手巧。不喜言辞，不善交际。他们适于从事需要动手能力的各类工程技术工作，如工程师、技术员、司机、测绘员、描图员、机械操作员、维修工、安装工、矿工、木工、电工、鞋匠、农民、牧民、渔民等。

（2）社会型。这类人的特点是喜欢教导、服务、启发或训练别人，重视人与人之间的沟通和交流，比较看重社会义务和社会道德，乐于为他人解决问题。他们适于在教育、医疗、或服务行业从事帮助和服务他人的工作，如教师、行政人员、医护人员、服务业经理、营业员、服务员、社会福利机构职员等。

（3）研究型。这类人的特点是抽象思维能力强，利用智慧，辅以法则、规律、定理、符号和观念进行工作是他们的乐趣。求知欲强，爱动脑，不爱动手；知识渊博，喜欢独立而富有创造性的工作，不太善于领导他人一起工作。他们适于从事写作、科研和科学实践方面的工作，如自然科学和社会科学方面的研究员，化学、冶金、电子、无线电、电视、飞机等方面的工程师、技术人员，飞机驾驶员，计算机操作员，科普及社科作家等。

（4）艺术型。这类人的特点是善于体验和表达各种情感，具有特殊艺术天赋和艺术气质，渴望表现自己的个性，喜欢用想象力和创造力在自由的环境中工作，乐于创造带有自身色彩的作品。他们适于从事各类艺术工作，如音乐、舞蹈、戏剧等方面的演员、艺术编导、教师，文学、艺术评论员，电视节目的主持人，编辑，作者，画家，书法家，摄影家，文艺类作家，以及各类艺术设计师等。

（5）企业型。这类人的特点是精力充沛、自信、善交际，有开拓精神，喜欢竞争，敢冒风险，追求成就感，善于控制他人，具备领导才能，对权力、地位和财富比较热衷。他们适于在政府部门或经济实体从事组织与影响他人共同完成组织目标的工作，如政府官员、企业家、职业经理人、公司主管等。

（6）常规型。这类人的特点是工作踏实，忠诚可靠，遵守纪律，不喜欢变化，喜欢按部就班地工作，习惯于接受他人的指令，不太愿意指挥他人，不喜欢冒险和竞争。他们适于从事各类对创新性要求不高，与文件档案、图书资料、统计报表之类相关的文职工作，如会计、出纳、统计员、打字员、办公室文秘、图书管理员、保管员、邮递员、审计人员、人事职员等。

不过，霍兰德在研究中发现，人格类型与职业关系并非绝对一一对应，因为人是具备学习能力的，对身边的环境与事务有着广泛的适应能力，每个类型的人，都能适应另外两种相近的职业类型的工作，同时每一类型又有极为相斥的职业类型。例如，实际型的人也可以从事常规型和研究型工作，但不适于从事社会型工作。企业型的人也可以从事常规型和社会型的工作，但不适于从事研究型工作。艺术型的人也可以适于从事社会型和研究型的工作，但不适于从事常规型工作。请注意，可以从事相近类型的工作，不等于对你最适合，暂时迁就某项工作未尝不可，从整个人生旅程来看，最好把你的职业定位在你的“最佳才能区”。

2. 找一份“收藏价值”更大的工作

当你找到一份工作时，你不妨设想一下，日后你把这段工作经历写进你的简历中，并拿着简历去应聘时，在主考官心目中会有多大的分量？比如，你的专长是技术，日后也想从事技术工作，由于一时找不到合适的工作，暂时去做仓库管理员。后来你去应聘技术工作，那么，在主考官眼里，你当仓管员的经历约等于零，他最多承认你有过一定社会实践经验，不会承认你有相关工作经验。相反，他还会怀疑你所学的技术在当仓管员的这段时间已经落伍。除非你在此期间参加过专业进修，并拿到了证书。这就是说，相对你想从事的技术工作来说，当仓管员几乎没有收藏价值。

一个人的年轻时光是有限的，怎样把沉淀的价值尽早写进自己的简历，非常重要。有的职场新人意识不到这一点，只想图实惠，向薪水看齐，最后盘点得失，才发现上当不浅。

有一个女孩，毕业于某重点大学的财会专业。当初她选专业时，就决定日后从事财会工作，因为她知道自己好静不好动，性格比较内向，不太善于跟人打交道，但办事细心，又有耐心，搞财会挺适合的。毕业后，她如愿以偿地找了一份初级会计工作，起初觉得自己十分幸运，工作很有热情。可是，干了没多久，她就失望了。一方面，她的薪水跟那些老会计相比，显得太低；另一方面，她被安排做最简单、最基础的工作，对那些最核心的工作，根本连碰都碰不到。她觉得自己既不受重用，也得不到起码的信任，所以，一年合同期满后，她就迫不及待地跳了槽。

由于一时找不到财会工作，她暂时在一家公司找了一份经理助理工作。虽然她相貌清秀，但在待人接物方面缺少一点圆通老到，在别人看来，显得有点“死板”。她跟经理的关系老是搞不好，跟其他同事之间也难以融洽相处，干了不到3个月，她恨死了这份工作。好不容易等到合同期满，她再一次跳槽。

她想，助理工作搞不好，主要是自己不善于处理人际关系造成的，最好找一份能训练沟通能力的工作，于是，她应聘到某公司当了初级业务员。这家公司的底薪极低，收入来源主要靠业务提成，所以招聘要求比较低，这是她得以应聘成功的原因。但是，由于她沟通能力不强，现学现卖根本不管用，干了好几个月，业绩很差，老板好几次想炒掉她，见她工作态度尚好，也就算了。她也不想干了，可是想到自己干了这么久，钱没赚到，沟通能力也没有提高，很是不甘，就耐着性子熬下去。直到一年合同期满，她才不得不离开。

这一次，她决定还是回到自己的老本行，搞财会工作。但应聘时，人家根本不承认她是内行，找了十几家，她才找到一份初级财会员的工作，又回到了当初的起点。

这位女孩的职业选择是财会，那么，她的第一份工作应该算是最有“收藏价值”的工作。虽然一时薪水不高，为了提升简历的分量，她也应该坚持干下去。虽然暂时接触不到核心技术，也是正常现象。试想，任何一家公司的财务都是机密，很多内容只有少数几个核心成员才有资格分享，怎么可能对一个新人开放呢？一般来说，财会人员在同一家公司干的时间越长，越有可能成为核心成员之一。所以，她应该在此行业熬资历，而不是强求人家的信任。工作压力小，对她反倒是好事，她可以趁此机会钻研业务，考会计师。将来拿到会计师证，即可轻松迈入高薪行列。这是一条大路，她却“剑走偏门”，去应聘什么助理、业务，岂不离题甚远?

你在找工作时，首先想想这份工作是否有“收藏价值”，这种价值对你重不重要，那么，你的头脑会清醒多了。

3. 尽量避免做机械式重复的工作

每一个职场中人，都希望自己的薪水节节升高，社会地位节节攀升，如何实现这一点呢？首先要让你的能力、经验呈阶梯式上升，让你所处的平台越来越大。如果你的能力、经验不够，薪水固然没有很大的提升空间，也很难找到一个理想平台。比如，你在一个十几人的小公司工作，即使老板好心把自己的位置让给你，你也不过是一个小老板，何况这个可能性并不大。

提升能力和经验的一个最好办法，莫过于做具有挑战性的工作。所谓“挑战性”，不是指最初的难度，你做任何一项陌生工作，哪怕是刷碗、洗盘子，一开始也不适应，但做不了多久，难度就消失了，你闭着眼睛都能做好。所谓“挑战性”，是指有无穷的上升空间，你能够不断超越自己，并且随时需要竭尽全力才能保持领先。

相反，做机械式重复的工作，既没有上升空间，你的职业安全也难以保障。你在一个岗位上干的时间长了，按照惯例，薪水需要不断增加。而你做的工作，一个新手稍加训练就能做得跟你一样好，要的薪水比你少，而且更有工作激情，除非老板是傻瓜，否则没有道理不炒掉你而更换新人。

所以，除非万不得已，否则不要做机械式重复的工作。

进入主流群体

在任何一家公司或机构，都有两类人，一类是奉献者，一类是分享者。奉献者也有分享机会，但他们的投入大、产出小；分享者也需要奉献，但他们的投入小、产出大。两者的比例，专家们公认的看法是8∶2。

成功女人通常处于20%的分享者阶层，事业的成功必然提升她们的生活质量和幸福指数。所以，你想成为幸福女人，应该努力进入拥有分享权力的20%阶层。

1. 不当“在野党”

每一家公司或机构都存在一大批“在野党”，他们有意疏远老板和管理者，对公司政策永远不满，对管理的理解是“约束”，对工作的理解是迫于无奈，如同“劳动改造”。他们常常三五成群地聚集在一起，抱怨老板，指责管理人员，批评公司的政策，发泄对待遇不公的不满，或者一人独处，自怨自艾。

“在野党”永远不会被老板和管理阶层视为“自己人”，永远没有晋升机会，无论他们多有才华，也只是作为普通员工使用。而且，一旦需要裁员，他们总是被优先抛弃的对象。所以，聪明女人绝不会当“在野党”。

2. 首先争取“话语权”

有的女人认为，“话语权”与职务伴生的，升职了自然有“话语权”，否则就没有。实际情况并不尽然。你在某方面取得了“话语权”，就会优先得到某个职位，你的“话语权”也得到了组织的正式承认。通常来讲，老板不会把职位授给那些说不起话的人。

说得起话，包括两个方面：一是在上司面前说得起话，他认为你有头脑、有见识，听听你的意见有好处，然后他就会乐意听你说话，鼓励你说话，并对你说的话引起足够重视。二是在同事面前说得起话。他们认为你值得信赖，乐于照你的话去做，他们遇到什么问题时，往往想听听你的意见。当一些员工自动集中在你身边，上司就会对你引起重视。如果你带领员工发挥好的作用，就极可能得到升迁。如果是带头“造反”，就难说了！

许多女人对“话语权”不感兴趣，她们只想做好自己的工作，不想多说什么。在别的地方，这是美德；但在工作场所，可能会很吃亏。

有一个女孩叫玛莉，在学校时，她是一个有名的才女，论口才和文采，很少有人可与之比肩。大学毕业后，在学校的推荐下，她去了一家颇有名气的公司工作。谁知道，她不到半年就被炒了鱿鱼。

原来，在这个人才济济的公司内，每周都要召开一次例会，讨论公司计划。每次开会，很多人都争先恐后地发言，只有玛莉悄无声息地坐在那儿一言不发。她原本有一些很好的想法和创意，但是她有些顾虑，一是担心别人认为她锋芒毕露、过于张扬，二是怕自己的思路不合领导的口味，被人视为幼稚。就这样，在沉默中她度过了一次又一次激烈的争辩会。有一天，她突然发现，自己已经成了一个被遗忘的人，没有人再愿意听她的声音了，在所有人的心目中，她成了一个可有可无的人物。

你要知道，沉默是金，同时也是埋没天才的沙土。无论如何，你要发出自己的声音，别人才知道你心里到底有些什么。当然，你想取得“话语权”，叽叽喳喳地乱说一气也不好，否则别人会认为你没有说话的资格。为了让大家重视你，你要做到：

（1）想清楚了再说。在你想说的话中，很多是有价值的，也有很多是没有价值的。要克服说话的冲动，尽量淘掉没有价值的话，那么，你一开口，别人就会侧耳倾听。

（2）不要为显示自己而发言。人人都有竞争心理，如果你只是想向人证明自己的高明，即使正确的意见也会受到抵制。

（3）小心求证。当你给人出主意、提建议时，最好能做到心中有数——不是找理由证明自己是对的，而是确有较大成功把握。

（4）不要把别人推向风险。有时候，你对自己的意见所产生的效果并无把握，为了说服对方，提供很多不实在的依据，可能会导致对方作出错误决定。你能保持客观、审慎的态度，真心为对方的成败着想，别人对你的话才会越来越有信心。

3. 设法进入“主流群体”

你也许发现，某人各方面都不如你，因为有人“罩”着他，所以他比你晋升更快。你可能认为他的优势不过是吹牛、拍马，但是，拨开这些情绪化的看法，从技术上进行分析的话，他的眼光可能比你好，比你更会“站队”。

在任何一个稍具规模工作单位，都会形成一个个小群体。在大的公司，还可能形成不同派系，各派之间为了争夺更多资源、更大权力展开明争暗斗。你会不会“站队”，决定了你的晋升之路是否通畅。通常来讲，一家单位内有以下五种小群体：

（1）核心群体。他们由老板最信任、最熟悉的人组成，是最容易获得晋升的人。

（2）精英群体。他们是一些具有技术专长的人，工作出色，工作态度也很好。如果他们擅长交际的话，很容易进入核心群体。但有的人更愿意埋头工作，不喜欢把时间浪费在交际上，对升职也缺乏足够兴趣。这种人老板是信任的，在待遇方面也会优先满足，但是否给予升职，就不好说了。有的技术人才很珍贵，难以找到替代人选，老板不会轻易把他换到别的岗位上。但他们是老板心目中的特殊人才，待遇比一般人高得多。

（3）庸人群体。这种人的野心不大，干劲不高，不过能够完成本职工作。他们平日聚在一起，总是谈一些私人话题，很少谈论工作，对公司的政策也不太关心。在这个群体中，只有少数“中心人物”才可能晋升到低级管理职位上。不过，绝大多数公司都需要这样一个只知干活、拿钱而不爱动脑筋的群体，他们是公司最大的稳定因素。因为令人眼馋的职位毕竟有限，如果人人都想往上爬，就乱套了。

（4）反派群体。这种人有想法、有野心，也可能有一技之长，但团队精神不强，总想表现自己，过多考虑私人利益，而不是努力为公司创造业绩。由于不受重用，他们总是愤愤不平，经常批评公司的制度，批评上司的无能。这样的“刺头儿”，有可能被有魄力的老板重用，也有可能被度量不大的老板开除。

（5）“散兵游勇”群体。这种人不合群，但原因不尽相同，有的人性格孤僻，难以跟人融洽相处；有的人自视甚高，既不愿“巴结”主流群体，也不愿跟庸人为伍，自命清高，独来独往。后者有受重用的个人条件，但除非有某个特别的机缘，否则很难晋升。

在这五种群体中，你目前处于哪个群体呢？很显然，你只有进入核心群体或精英群体，晋升之路才会更顺畅。

4. 了解公司挑选干部的偏好

有时候，你的条件似乎更好，跟上司也处得不错，但你没有升职，反倒是某个“庸人”升职了。你可能怀疑上司妒贤嫉能，但实际的情形也许跟你想象的不一样，每个公司对任用干部都有自己的偏好，如同四川人爱吃辣、上海爱吃甜一样，你可能是一道“好菜”，只是不合人家的口味而已。大致上，老板需要以下五种人才，只是在具体取舍上有自己的风格：

（1）执行型人才。有的老板决策能力强，那么，他就不太需要给他当参谋、出主意的人，更需要能迅速理解领导意图、完美执行的人。

（2）创新型人才。“创新”是时下一个特别流行的词汇，似乎每个人都应该做一个创新型人才。不过，人们对“创新”的含义并不是都理解，以为脑子里点子多就是创新型人才。事实上，所谓创新，必须有破有立。有的人只会破，不会立，把过去的思想、方法、产品，都贬得一无是处，却拿不出更好的东西，这样的创新是“搞破坏活动”，只能产生负面价值。你必须拿出比旧的东西更好、更受欢迎的东西，才是真正的创新。

创新型人才很有价值，但并不是每家单位、每个岗位都欢迎这种人才。有的单位处于“守成”期，有的岗位流程已经相当完美，暂时并无创新需求，你的创新天才就无用武之地。

（3）敢冒险的人才。这种人天生具有赌徒的性格，敢于向那些看似不可能完成的任务挑战，同时具有很强的心理承受能力，如果失败了，也能坦然接受结果。他们适于承担开拓性的工作，但并不是每一个老板都喜欢冒险，在稳扎稳打、不贪功求胜的老板手下，冒险型人才往往不受欢迎。

（4）解决问题的人才。老板也都有一些自己不能解决的难题，需要特殊人才代劳。主要有两类：一是技术难题，需要技术专家来解决；二是公关难题，需要交游广阔、“神通广大”的人来解决。第一类人谁都服气，第二类人可能谁都不服气——每天不务正业，不知道忙些什么，钱倒是拿得比谁都多。但这种人可能是老板“一将难求”的角色。

（5）独当一面的人才。他们综合能力很强，既有决策能力，也有执行能力、创新能力和解决问题的能力，冒险精神也比较强，是难得的“将才”，但如果老板心无大志，没有拓展事业的野心，或者喜欢事必躬亲而不喜欢放权的话，“将才”也就无用武之地了。

以上五种人才，都是有价值的人才，但看重哪种人才，需求量有多大，老板们自然会根据内部情况有所偏重。你有必要搞清自己属于哪种人才，以及老板需要哪种人才，这样，你才能知道自己在这家单位有多大的晋升空间。

追求合理回报

薪水是一个敏感的话题，老板都希望降低人力资源成本，员工们都希望提高福利待遇，双方的博弈永远不会停止。作为一个聪明女人，你永远不要希望老板大发慈悲，主动在利益方面迁就你，而且，除非你处在一个以“不裁员”为原则的单位，否则你不要做“长线投资”的打算，你干了多少活，就要拿多少钱。从目前情形来看，“先苦后甜”的想法很不现实，当你吃尽了苦，以为苦尽甘来的时候，老板为了保持低成本，会找一批愿意吃苦的新人来代替你。

所以，除了完成工作任务之外，你还有一项任务：追求合理回报。

1．挑选真正具有“双赢”精神的老板

每个老板都自称追求“双赢”，就像每个店主都宣称“诚实经营”一样，这都是一些流行词汇，顺便说说，表明观念并不落伍，但不能真正说明什么问题。你想保证自己的合理回报，需要寻找真正具有“双赢”精神的老板。老板有三种类型：

（1）“地主型”。这种人观念陈旧，表面上满嘴新名词，思想还停留在封建时代，他们把公司当成自己的“一亩三分地”，把员工当成“贫雇农”，不尊重员工的利益，把低薪作为控制成本的主要手段。在这种老板手下，哪怕你拿出一头牛的力气干活，也别指望合理酬劳。他偶尔会拿出“一把草”来奖赏表现出色的员工，不过是一种迷惑大众的手段。他用得最多的手段是“口头表扬”，用好话哄员工积极表现，这无疑是成本最低的激励方法。

（2）“家长型”。这种人把公司看成一个大家庭，把员工看成家庭成员，“省吃俭用”是他崇尚的美德，因此给员工付酬时难免小气，但不是故意剥削员工，而是出于长远发展考虑。假如公司壮大了，长期追随他的老员工几乎都能发财。即使你能力稍差，他也不会无情地抛弃你。如果公司遇到麻烦，他也会理直气壮要求你无私奉献，拿很少钱，干很多活。他这样做，确实是为大家的前途着想。当他用好话哄员工开心时，也是发自内心，而不是耍手段。

（3）“事业型”。这种人把公司当成大家共同的事业和自己的毕生事业。他们观念先进，乐于接受先进的管理方式，在员工报酬方面也比较讲规则，基本上能实现“按劳付酬”，该拿多少就是多少，他绝不会嫉妒员工赚钱太多。不过，如果员工拿不出满意的业绩，他也会毫不客气地炒鱿鱼，不讲人情面子。当企业遇到困难时，他会毫不留情地用裁员的方法来渡过危机，绝不会为员工背包袱。他也可能用好话哄员工开心，不过，他的好话全是送给绩优员工的，业绩不佳的员工最好离他远一点，免得他看不顺眼。

以上三种老板，到底选哪一种呢？你最好想清楚再作决定。

2. 算清你该拿多少

无论拿多少薪水，员工只会嫌少，不会嫌多。不过，你若明智的话，最好不要贪多，因为再笨的老板也不能容忍少做多拿的员工。你不妨算一算，自己拿多少才算合适呢？

（1）了解薪金行情。一般来说，大多数职位在市场中都会有一个比较公认的薪酬价格，你只要打听一下，或在网上查询一下，就能大致清楚。用人单位在考虑给付薪酬时往往首先参考行情价，然后根据自身情况来制订薪酬标准。此外，你的职责范围也是影响薪酬的一个重要因素。例如，同样是总经理助理，有的只是接听一下电话，整理一下文件资料，有的却要帮总经理忙前跑后，照应一切，两者的报酬本该不同。你若听说其他公司的某个同行拿的钱比你多，不必急于生气，你最好搞清人家承担了什么职责，都干了些什么。

（2）了解劳动力市场的需求状况。你的职位的可替代性在很大程度上决定着你的薪水高低。如果从事你这项工作的人才已经供过于求，老板付的薪水自然较低。如果此种人才供不应求，老板也会忍痛付出高薪。不过，你若在人才供过于求的职位上竞争，那是你的不幸。

（3）诚实地为自己估价。薪酬的高低必然跟你的能力、经验、贡献大小紧密相关，梅塞尔集团的商业心理学家迈克尔·梅塞尔建议说："在你要求上司给你加薪之前，应该就你本人对公司的实际价值有一个清楚的认识。"这是一个有益的建议。

3. 理直气壮地争取应得利益

年轻的女人往往爱面子，且有一些天真的想法，以为上司清楚自己的表现，希望上司主动给自己该拿的钱，但上司通常并不清楚每个员工的表现，也不知道每个员工该拿多少钱。他们常常误以为那些跟自己交流比较多的人表现更好，而看不见那些"无名英雄"，所以，你必须主动争取自己该得的利益。

有一位女孩，最近被调动到一个新部门，在发补助的时候，其他人都领到了，唯独她没有。她很不高兴，认为这不公平。要么原部门给她发补助，要么新部门给她发补助，两边都不给，她岂不是扑了一个空。她忍不住跟办公室一位和善的大姐讲了自己的想法。那位大姐说："你不用在这里生闷气，为什么不去财务问问，你该得的那份补助为什么没有发下来？"

女孩听从建议，去财务一问，原来是不小心把她的名字漏掉了。

"不小心"的事哪家单位都有，你如果习惯了不做声，大家很自然地认为你是可以忽略的，一旦不是人人都有的某个利益，比如评先进、保送进修、给部分人加薪，等等，永远轮不到你。你也许会愤愤不平地想："这不是欺负老实人吗？"没错！你想不被欺负，就要理直气壮地争取。

4. 体面地跟老板谈加薪

最近，智联招聘网和新浪招聘频道联合做了一次名为"你会和老板谈加薪吗"的调查，结果显示，"已经加薪了，我很满意"的只有8%，"没有加薪，我心里不满，可是不打算和老板谈"的占到了34%，"虽然没有加薪，但我不打算跳槽"有26%，"看老板的态度而定"的有17%，"没有加薪，我很失望，准备年后跳槽"的有15%。这么多人对薪水不满却不肯主动向老板提要求，结果真是让人意外。

你要知道，仅仅因为对薪水不满，尚未提出加薪请求就选择跳槽，是一件很不明智的事，找工作需要成本，从零起步需要时间，而且你没有主动沟通的习惯，到了新单位，结果也不一定让你满意，到那时你怎么办呢？一跳再跳的结果是"滚动的石头不长草"。

你还要知道，向老板要求加薪，绝不是一件丢人的事，这是你为争取正当权益所作出的合理行动，如果老板不乐意，那是他的观念落伍；如果你因此被炒鱿鱼，正好离开一个不值得追随的老板。总之，扫清了这些心理障碍，你就可以理直气壮地跟老板谈加薪了。

不过，跟老板谈加薪也要讲修养，讲策略，首先，在心理上，不要把它当成一个一方战胜另一方的问题，而要把它当成老板与你之间共同面临的问题，是为了追求共同利益而采取的积极行动；其次，在方法上，要用老板最容易接受的态度和方式。以下是几个常用方法：

（1）正式申请法。写一份书面申请书，以充分的证据说明加薪理由。

（2）见机行事法。即遇到恰当的时机，顺便谈起此事。例如，一位衣冠楚楚的业务员来公司拜访，离去后，经理赞叹道："他的穿着真职业。"助理马上说："要是我有他那么高的工资，我也想穿得职业一点。"经理一笑，过了不久，就给助理加了薪。

（3）无中生有法。故意向女员工散布即将涨工资的小道消息，此事谈得满城风雨后，老板为了安定人心，没准真的会加薪。不过此法要慎用，只宜针对那种特别小气的老板。

（4）暗度陈仓法。先设法帮自己的上司争取到加薪机会，你加薪的机会就比较大了。

无论什么方法，其目的都是为了表达要求加薪的意图，关键的一点，要把自己和老板都当成值得尊敬的人，体面地去谈，谈出一团和气，不要谈出火星，谈出怨气。

5. 警惕高薪泡沫

前不久，智联招聘也做过类似调查，结果发现，有6成以上的白领员工尽管拿着高薪，幸福指数却不高。其中只有37.72%的人认为“总的来说是快乐的”，有41.64%的人表示“不快乐的时候多”，还有20.64%的人表示“很痛苦，想换工作”。

薪水多却不快乐，这是为什么呢？因为获得高薪的代价太高。

（1）高薪可能意味着高压力。你拿的钱越多，责任越重大，工作负担更重，你不仅要自己出色，还要为团队、为公司的不断进步殚精竭虑。有一位女孩说：“我是一名标准的白领，每天出入高级写字楼，穿时尚的衣服，化时尚的妆，拿着相当不菲的薪水。在别人眼里，我是一个幸运儿，我有快乐的理由。但实际上，做这份高薪工作，我并不快乐，我觉得自己整个人都被这份高薪吞噬了，没有时间，没有精力，长期的竞争高压……这些都让我非常苦闷。”老板通常不会主动为员工减压，只会不断地加压，因为压力就是动力。所以说，赚钱不容易，对谁都一样。在追求高薪的过程中，你有必要估量一下自己的抗压能力，弦不要绷得太紧。

（2）高薪可能意味着牺牲休息时间。有一位女士，自从当上主管后，几乎成了工作的奴隶。老板为了增强竞争力，不停地催促部下加快脚步，一个项目接一个项目压下来。她不得不经常夜以继日地工作，有时甚至工作到凌晨两点。她把自己的工作形容为“熬油”，她不得暗暗担心：自己现在年轻，暂时还能应付，一旦将来年龄大了，该怎么办？

日本三洋集团创始人井植薰曾说：普通员工每天只需工作8小时就可以了，如果是管理干部，你得为公司每天干16小时，晚上睡觉爱做什么样的梦悉听尊便，但是除了睡觉，你平时可得多考虑工作。如果是公司董事，情况不同，责任重大。既然你要当董事，就得具备每天24小时都为公司着想的觉悟，晚上睡觉做梦也要做公司的梦，对工作忠诚到“走火入魔”的程度。

高薪毕竟不是老板的免费赠品，得到它也要付出昂贵的代价，你有必要考虑是否值得。

（3）高薪可能意味着牺牲亲情。很多高薪人士，忙得没有时间跟父母团聚，没有时间照顾孩子，很多人甚至忙得没有时间恋爱和结婚。有一位女主管，跟男友相恋多年，一直没有时间举办结婚仪式，因为公司规定：任何人、任何事，都不是请假的理由。后来，她好不容易找到一个空档，跟男友结了婚。不料，新婚第三天，就被领导打电话叫回去参加业务会议。面对如此“惨无人道”的行为，她的老公气极了，把电话打到会议室，并要求负责人听电话，想给人家讲一堂人道课——自然没有用。

专家指出：人的幸福指数，取决于情感交流的支出占整个支出的比重。大部分高薪人士，根本没有与家人、朋友、同事充分交流及享受生活的时间，情感支出低得可怜，跟金钱支出不成正比，幸福指数自然不高。

对身在职场的人来说，高薪是永恒的追求。不过，当你追求高薪时，不仅要考虑你将得到什么，也要考虑你将失去什么。如果你以为得到高薪就等于得到幸福，那么可能打错了算盘。你把得失都考虑清楚了，作好了心理准备，将来就不会希望越大、失望越大。

做一个“超值”人才

老板并不欠你一份高薪，也不欠你一个高级职位，你需要在工作中创造相当的价值，让他心甘情愿地交付给你，甚至让他难舍难分地“爱”上你。

杰克·韦尔奇说：员工永远要做得比老板要求的更多。这就是职场最有力的法则。你也许会想，把自己“卖”便宜了，岂不是很吃亏？但是，你看世界上那些巨型零售公司：沃尔玛、家乐福……无不以便宜为营销策略，再看它们的赢利，赚得比谁都多，方知“失便宜处是便宜”。

当然，便宜也有限度，讲究合理低价，主要是凭技术优势产生价差，使你跟同行相比，显示出“超值”的特点，成为老板眼中理想的雇员。那么，除非老板把员工炒光了，最后才会轮到你，而且你的待遇也可能高得让那些“拿一分钱干一分活”的员工眼红。

1. 良好的职业形象

一位大公司老总直言不讳地说：“我喜欢的员工，除了做得好工作之外，我还要求他们充满着青春活力和朝气，而且‘卖相’也要够帅、够酷，还要有一定的文化底蕴。因为我觉得，员工在很大程度上代表着企业的形象。我的公司是以销售运动器材为主的……如果员工都是猥琐不堪的，我还怎么销售我们的运动器材呢？我每次和一些重要的客户‘公关’的时候，我总会带上我的助手，当我把她介绍给客户的时候，从他们诧异的眼神中我感到无比的自豪与自信。还有我们公司的销售主管，是一个长得有点像贝克汉姆的小伙子，而我们公司一年的销售任务中，他一个人就完成了30%以上。跟这些活力四溢的员工们在一起，我感觉自己也一下子年轻了好多。”

如果你的形象很职业，不仅创造了工作业绩，还有利于提升公司形象，对提升公司人员的士气也有好处，岂不是额外为公司创造了价值吗？

当然，不能做“花瓶”员工，只有形象，没有业绩，否则就太昂贵了。

2. 聪明、友善、正直，可与老板为友

老板是孤独的，处在一个钩心斗角的环境，对谁都不敢敞开心扉。他当然也愿意跟员工交往，但取舍标准比较严：太傻的不交，谈不到一起；太自以为是的不交，只顾卖弄自己的本事，让老板心情不爽；太有心计的不交，谁知道他安的什么心；太清高的不交，用不着降低身份去帮他捧场……这么一路删下来，只剩下聪明、友善、正直的人可以一交，她（他）自尊、自爱，有自己的做人原则，对老板没有过分企求，而且理解领导的内心世界，并保持足够尊重，同时尊重自己的独立人格。这样的人可遇而不可求，老板自然加倍珍惜。

3. 做出特殊贡献

“特殊”二字，只是相对普通而言。普通人不愿做的事，你愿意做；普通人做不好的事，你做好了；普通人解决不了的难题，你能解决，凡此种种，都是特殊贡献，会受到老板特殊的欣赏。

拿破仑·希尔聘用了两名年轻女孩儿当助手，她们替他拆阅、分发信件。两人薪水相同，但其中一个粗心、懒惰、能力不足，分内之事也常常不能做好，结果遭到了解雇。另外一个女孩儿常不计报酬地干一些并非分内的工作，如替老板给读者回信等。她认真研究拿破仑·希尔的语言风格，以至于这些回信和老板自己写得一样好，有时甚至更好。她一直坚持这样做，并以此为乐。终于有一天，拿破仑·希尔的秘书因故辞职，在挑选新的人选时，他自然而然地想到了这个女孩儿。

故事并没有结束。这位女孩儿的能力如此优秀，引起了更多人的关注，其他公司纷纷提供更好的职位邀请她加盟。为了挽留她，拿破仑·希尔多次提高她的薪水，比当初聘用她高出了4倍。尽管如此，拿破仑·希尔仍深感她“物超所值”。

在职场上，再昏庸的老板也不会仅仅因为喜欢某个员工就给他高职高薪，同样，他也不会完全忽视某个真正能办事的员工。通常情况下，你只要确有办事之才，他就会乐于用你；你只要做出特殊贡献，他也会给予相应的回报。

4. 结果才是硬道理

女人比较在乎心情，只要心情不坏，哪怕结果不好，也不算太坏。这一特点用到生活中，是非常聪明的，可以省却许多烦恼。但用到工作中不行，会带来许多烦恼。

许多人相信“重在参与”“成败不在结果而在追求成功的过程”，但老板们决不相信。老板们宁愿相信：赢家得到一切，输家一无所有。所以，他们不太重视过程，但强调结果。他们对员工的要求是：结果好一切都好，结果不好一切都糟。所以，你若想让老板满意，就拿一个好的结果给他看。万一结果不好，唯一的办法是赶紧认错，外加表决心。为糟糕的结果找理由，只会增加老板的愤怒。因为在老板心里，任何理由都不是理由。通情达理的老板会原谅你的错误，但不会承认你的理由。如果是冷酷的老板，即使你累死了，若没有一个好结果，他还会说：真没用！

所以，你想立足职场，就要接受“以成败论英雄”的观念。

5. 想方设法为老板节省成本

世界上有慷慨的老板，但没有不知节约的老板，否则他很快就不是老板了。

洛克菲勒有一条老板通用的理念：“对钱财必须具有爱惜之情，它才会聚集到你身边，你越尊重它，珍惜它，它越心甘情愿地跑进你的口袋。”几乎每一个老板都是靠勤俭起家，洛克菲勒如此，比尔·盖茨、李嘉诚等，无不如此，关于他们节俭的故事广为流传。

日本的“麦当劳大王”藤田曾这样介绍他创业时的经历：“5 年里，我坚持每月从自己的吃穿用里面节省一笔钱出来，存在我的账户里。无论生活多么艰难，哪怕忍饥挨饿，我都保证每个月存进的这笔钱不少于 900 美元。为此，我对每一笔开支都精打细算，努力省下每一分钱，这是我能够积累资金的唯一办法。因为从跨出大学校门的那一天起，我就立下志愿，不管付出什么代价，我都要在以后的 10 年里存够 10 万美元，然后开创自己的事业。”

你可以想象一下，老板本人 1 元钱也不肯浪费，你若浪费掉他的钱，他是什么脸色？在职场上，老板永远最欣赏那些会为他省钱的员工，反过来，头脑中没有成本概念，办事“本大利小”的员工最让老板痛恨。

有时候，你工作很卖力，对工作成果也很满意，但你有没有想过，你的工作成果中包含的成本合不合理呢？打个比方，你做一份文案，花了 5 天时间，你的薪水、福利以及日常消耗的办公用品、工作间的租金等，加起来大约 1000 元，你这份文案究竟值不值 1000 元呢？假设多家同类公司参与竞拍你这份文案，能卖出多少钱呢？你这样为自己的工作算一笔账，不用看老板的脸色，你就能知道他对你赞赏有加，还是恨死了你。

如果你想受到老板器重的话，不要老是计算自己拿了多少薪水，还应该为老板算算账，使自己耗费的成本不至于超过你的工作价值，让老板有利可图。

以下5件事，是你要特别重视的：

（1）学会算成本账。每项任务下来，你不妨算一算，一般人做要花多少成本？你怎样做才可以少花成本？

（2）工作时间内别干私事。在工作时间内干一些跟工作无关的事，就像偷老板的钱一样，会让他特别痛恨。

（3）在时间预算内完成工作。接手一项任务时，问明上司对它的时间预算，只能提前完成，不能延后。

（4）别贪小便宜。有时觉得一支笔、一本信纸没啥了不起，拿回家去用。老板看见了，可能像割肉一样痛。因为他会联想到办公用品的管理出了大问题，这个地方正在“流血”。

（5）绝不耽误老板的时间。老板一小时的价值跟你不一样。即使通宵加班，也要确保不让老板耽误时间。

遵守职场规则

台湾企业家王永庆认为：最大的浪费是人力资源的浪费。而人力资源的浪费至少有一半是人际摩擦造成的，一部分出于有意，俗称“窝里斗”，一部分出于无意，因不理解、不信任、不认同、不协作而起。遵守职场规则，是减少人际摩擦的良方。

孔子曾提出一条做人的基本伦理——“君君，臣臣，父父，子子”，用现代话说，领导要像领导，员工要像员工，父亲要像父亲，儿子要像儿子。简而言之，做符合身份的事。此言放之四海而皆准，可惜只是提纲挈领，没有指明具体做法。那么，对一个现代职场女性而言，该如何做符合身份的事呢？专家们提出了如下几个要点：

要点1：信赖——相信公司、认同老板

爱抬杠的人会问：公司可信吗？老板可信吗？为什么要相信公司、相信老板？

此言似乎有理，问题是，如果这家公司不可信，你为什么成为它的员工？如果老板不可信，你为什么成为他的下属？

相信公司、相信老板，其实是相信自己的聪明选择。假设信错了，只怪自己没眼力，也不是毫无收获，可以“吃一堑，长一智”，不必怨悔。

在信与疑问题上，存在两种风格，一种是先信然后疑，一种是先疑然后信。先信然后疑者，对身边关系密切的人，完全相信，诚心交往。如果没发现可疑之处，一直保持信任。如果发现可疑之处，再视情而定。先疑然后信者，对任何人首先持怀疑态度，谨慎保持距离。最后发现对方确无可疑之处，这才深信不疑。

但是，世上没有不值得信任的人，也没有不值得怀疑的人，人心不定，种种表征往往是受感而生。你用信任的眼光看人，对方的表现也往往值得你信任；你用怀疑的眼光看人，对方的表现同样值得你怀疑。那么必是他固有的特征，很大程度上受到了你的激发。所以，先疑后信者往往都是孤僻可怜之人，处处受排挤；先信后疑者往往都是开朗乐观之人，处处受欢迎。

要点2：忠诚——服从但不是盲从

本杰明·富兰克林说：“如果说，生命力使人们前途光明，团体使人们宽容，脚踏实地使人们现实，那么深厚的忠诚感就会使人生正直而富有意义。”

古往今来，没有任何一个老板会喜欢一个不忠的员工。即使你才干特异，即使你智慧超群，如果你缺乏忠诚，那就没有任何人会放心地把重要的事情交给你去做，没有任何人会让你成为公司的核心力量。因为一个精明干练的员工一旦生有异心，他的能力发挥得越充分，可能对老板和公司的利益损害就越大。所以，老板更乐意把那些三天两头喊着另觅高枝的人毫不留情地“打入冷宫”。

那么，何谓忠诚？许多人有一个错误观念：忠诚就是服从老板，以老板的利益为利益。此观念未免狭隘，即使在封建时代，忠诚也不等同于对老板的“愚忠”。实际上，忠诚包含着相当复杂的内容，哈佛大学教授乔西亚·洛伊斯早在1908年《忠诚的哲学》一书中就提出：“忠诚自有一个等级体系，也分档次级别：处于底层的是对个体的忠诚，而后是对团体，而位于顶端的是对一系列价值和原则的全身心奉献。”

这就是说，忠诚包括三项内容：忠于领导、忠于组织、忠于组织原则和核心价值。假设领导、组织和原则“三位一体”，就比较简单了，但实际上，三者常常分离，该怎么办呢？这就要考验员工的智慧和品格了。有的人为了巴结领导而损害组织利益和组织原则，这是似忠实奸，正确的做法是大局为重。

几年前，在惠普实验室里，聪明能干的工程师查克·豪斯正在研制一种监视器。有一天，他突然接到研发经理的通知：放弃这个计划。

查克深信这个计划的价值，抓紧时间弄好了模型。在去加利福尼亚度假期间，他向顾客演示了这种监视器的模型，结果顾客反应很好。于是，他继续坚定地进行这种产品的研制。

当他返回科罗多后，总经理也出面对这项工作进行阻止。但最后，查克利用沿途的调查报告说服了研发经理，使他同意把这种新型监视器投入了生产。结果，该产品投放到市场后，销量一举达到了17000台，为公司赚取了3500万美元。

在惠普的一次工程师大会上，总经理给他颁发了一枚奖章，称他是“超乎工程师的正常职责范围，表现出来异乎寻常的藐视上级指示”。但查克·豪斯说：“我并不想藐视上级或者不服从约束，我是诚心想使惠普公司获得成功。”

这才是真正的忠诚。从某种意义上来说，忠诚于老板，就是忠诚于自己的判断；忠诚于公司，就是忠诚于自己的事业；忠诚于高尚的原则，就是忠诚于自己的人格。眼光出错没有关系，事业受挫也不打紧，人格最不能丢，依此可确定忠诚的顺序。

要点3：责任——由此通向幸福人生

一位伟人说：“人生所有的履历都必须排在勇于负责的精神之后。”科尔顿说："人生中只有一种追求，一种至高无上的追求——就是对责任的追求。"责任能够让一个人具有最佳的精神状态，精力旺盛地投入工作，并将自己的潜能发挥到极致。

在任何工作中，责任心都是一个优秀员工最不能缺少的东西。忠于职守、尽职尽责永远是一个员工责任感和人生价值的最佳体现。人生的意义就在于承担一定的责任，而承担责任的大小也就决定了一个人人生价值的大小，成功与幸福也自在其中。

但是，责任不仅仅是一种美德，也是一种至高无上的智慧。如果释迦牟尼不以"普度众生"为责任，他就不是佛祖；孔子不以推行"仁道"为责任，他就不是圣人。他们的智慧全部包含在"责任"二字之中，他们的人生也由此到达了"极乐"之境。

在古希腊神话中，有一个关于西绪弗斯的故事：西绪弗斯因在天庭犯了法，所以被天神惩罚到人世间受苦。天神对他的惩罚是：要推一块石头上山。每天，西绪弗斯都费了很大的力气把那块石头推到山顶，然后回家休息。可是，在他休息时，石头又会自动滚下来。于是，西绪弗斯就要不停地把那块石头往山上推。这样，西绪弗斯所面临的是永无止境的失败。天神要惩罚西绪弗斯，也就是要折磨他的心灵，使他在"永无止境的失败"的命运中，受苦受难。可是，西绪弗斯不肯认输。每次，在他推石头上山时，他就想：推石头上山是我的责任，只要我把石头推上山顶，我的责任就尽到了。天神因为无法再惩罚西绪弗斯，就放他回天庭。

假如你像西绪弗斯一样，把工作当成自己的责任，你就没有了左顾右盼，没有了愤愤不平，没有了怨天尤人，于是，你就获得了内心的宁静。

宁静，也是一个幸福女人最美的心境。

要点 4：守纪——别把考勤当小事

遵守纪律，也属于忠诚的一部分，如同信佛之人的守戒，也是一种修行的方式，不过显得更具有可操作性和可衡量性。你不守纪律，自然谈不上忠诚。

每个单位都有自己的一套切实可行的管理制度，遵守制度是员工起码的职业道德。一般来说，员工应当按照约定的时间准时上班，没有特殊的情况，就尽量不迟到、不早退、不请假，保持良好的出勤记录。有的人对此很不以为然，考勤嘛，早一分钟晚一分钟，有什么关系呢？但是，一个聪明的员工不会提出如此愚蠢的问题。“没有规矩，不成方圆”。况且，从出勤表上可以很快看出，谁在努力工作，谁在混日子，所以说，考勤事虽小，后果很严重！

要点5：保密——管好你的嘴巴

有些女性没有保密意识，对自己的私生活竟然完全不设防，一旦被某个话题引起兴趣，就会滔滔不绝地聊下去，甚至将自己的某些私密故事和别人分享。在工作场合，也存在类似的情形，对工作机密，稍受诱导，就不吐不快。

在企业与员工签订的用工合同中，通常会包括一份保密协议，要求员工无论在任职期间或是离职以后，都要保守公司的技术秘密和其他商业秘密，等等。许多大公司为了在内部强化保密措施，专门设有首席信息官来负责保密工作。他会提醒企业管理层对商业秘密实施保密措施，同时监督员工在各个保密环节的执行情况。例如，西门子公司从硬件设备上防止员工拷贝公司资料，根据级别区分，公司大部分员工的电脑是不能安装软驱和移动硬盘接口的；而IBM公司规定每个员工只有三次查阅同一文档的机会，并且这三次查看的时间、地点、原因都会被严格地记录下来。

不要小看一份保密协议，它实际上是你的一份庄严承诺。保守机密不仅是员工对公司的一项基本责任和义务，更是衡量员工职业道德和职业操守的重要标准。可以说，保守机密，是老板对你信赖和重用的基本条件。试想，凡是重要工作都涉及机密，你若不善于守密，就意味着没有承担重要工作的机会，又哪有职场得意的时候？如果泄露了机密，直接后果就是给公司带来经济损失，而间接影响则不可估量。不管你是有意还是无意，轻者将会永不得晋升，重则将被开除，甚至会受到法律的追究。

在职场上，女人的保密意识，还不是那么让人放心。至少人们还有一个普遍存在的观念：某件事一旦进了女人的耳朵，很快就会从她嘴里出来，嚷得满世界都知道。所以，女人若想真正在职场上实现跟男人的平等，首先要管好自己的嘴巴，用实际行动改变难以信任的形象。

要点 6：团队精神——要有“过门”的心态

在某大型 IT 公司对内部员工进行企业核心价值观培训时，培训讲师讲了一个古代故事：

新娘过门当天，发现新郎家有老鼠，笑道：“你们家居然有老鼠！”第二天早上，新郎被一阵追打声吵醒，听见新娘在叫：“死老鼠，打死你！打死你！居然敢偷吃我们家的大米。”

现代公司提倡“团队精神”，什么是团队精神？就是一种“过门”的心情，就是拿大家当自家人的心情。女人一旦出嫁，如果她对这个男人、这个家庭满意的话，很快就能体现出完美的团队精神，做什么事都能顾全大局。

当你进入一家单位工作，你若是拿这里当婆家，拿自己当主妇，那么，你不需要看那些理论书籍和接受任何培训，很自然地就能表现出令人欣赏和信赖的团队精神。

要点 7：素养—对专业绝对忠诚

做工作要有一种追根究底、事事追求一百分的专业精神。一个具有专业素养的职员，不会满足于把规定的细节做好，她（他）会讲细心，用一颗追求美、追求艺术的心，体察工作中那些细微的变化。但是，讲细心又不如讲诚心，凡事做到对得起自己的一颗真心。你不必问“上司满意吗”“老板满意吗”，你要诚心实意地问自己：“我满意吗？”只要你事事做到让自己满意，你就可以问心无愧了，而结果是，上司和老板也会十分满意。

让自己满意，这是一个身在职场的幸福女人必备的素养。

不做终日劳碌的“宫女”

你愿意成为享受成果的公主，还是终日劳碌的宫女？答案显而易见。

什么人最有可能成为终日劳碌的“宫女”？是那些只会默默做事却不

善于表现的人。她的一般心理是：只要搞好了工作，上司会明白自己付出的努力，有时又会暗暗埋怨上司不了解自己的心意，不清楚自己的表现。看见某些不如自己的人受上司重用、待遇更好，心里愤愤不平，但从不探究他们超越自己的真实原因，有时故意采取跟他们相反的方式。把主动接近上司的行为一律视为巴结，有时为了证明自己不是“马屁精”，遇到上司会故意装没看见。

也就是说，她完全凭工作表现证明自己，从不借助沟通手段。那么，除非她表现特异，否则上司很难了解她的真实业绩。于是，她只能跟一大群普通人一起做“无名英雄”。

你要知道，上司毕竟不可能一天到晚盯着你一个人，一旦视线从你身上移开，他就什么也看不见了。在他盯着你的那几分钟时间里，你有把握让他看出你的特别吗？不可能的。在上司的眼皮子底下，每个人都表现得很好，那些背后偷懒的人甚至表现得比你更好。所以，上司并不太相信自己的眼睛。

你想让上司了解你的真实业绩，就要主动向上司“表功”，使你的绩效“可见化”。别不好意思，你不妨告诉自己：只要不给别人造成伤害，关心自己的利益并不可耻。

如何使绩效“可见化”呢？

1. 拿业绩说话

你要知道，上司喜欢员工主动跟自己沟通，因为员工的想法是上司工作决策的重要素材。当然，上司并不是一些可以终日闲聊的人，你得拿出“真材实料”才行，如果上司认为你浪费了他的时间，他就会扣除你的业绩。打个比方，上司一小时的价值是100元，你浪费了他一小时间，这100元损耗就要从你的业绩里扣除。假设你误了他的大事，那就不是100元的问题了，把你的业绩全抹掉，他可能还觉得亏损。所以，你最好聪明一点，尽量找那些上司闲得无聊的时间跟他谈，他忙的时候，千万别打扰。

跟上司谈什么呢？自然不能一味表功。柳传志对下属的要求是：拿业绩说话，就要勇于在老板面前底气十足地提出你对公司发展的建议，客观坦率地汇报你的业绩，使你和老板形成互动，使消息得以互融，对公司、对个人都有很好的促进作用。

柳传志的话，概括了员工跟上司沟通的主要内容：一是提建议，二是表功劳，三是提供信息。这三项内容对上司决策都有好处。不要以为表功劳只是对自己有利，上司决策，需要知己知彼，而“知己”并不只是了解他自己，还包括了解他手下的员工。你向他表功劳，透露了你真实的个人信息，他从中可以了解你的潜质、态度以及优长，那么他就更“知己”了，工作起来更加心中有数了。

反过来，那些从不主动跟上司沟通的员工，上司对他们心中无底，一旦有某个重要任务，他全然不知他们是否可用，以及使用过程中会有哪些风险，难免忐忑不安。有时被迫使用他们，又常因用人不当而把事情搞砸。

所以，上司喜欢主动跟他沟通的员工，而讨厌那些“闷葫芦”。上司的这种选择倾向，主要是为公司发展考虑，跟员工是否会讨他的欢心没有多大关系。以此来看，那些跟上司走得近、在普通员工眼里会“拍马屁”的员工，对团队的贡献更大，他们更受重用，不是合情合理吗？

2. 做好工作日志，准备“真材实料”

在工作汇报时，上司要求你的“真材实料”，但你并不是天天都向上司汇报，一般是某个项目完成后汇报一次，或者每月、每季度汇报一次。时间长了，你具体做过什么，可能自己都不记得了，工作过程中产生的一些好想法，也早就淡出了记忆，到时候拿什么汇报呢？

所以，平时最好养成记工作日志的习惯，还要养成把好想法随时记录下来的习惯。到时候，你看看工作日志，看看灵感荟集，就能准备一场真材实料的工作汇报。

有个女孩叫小莹，毕业于名牌大学，应聘到某集团公司公关部当接待员。来访的人中，多数是客户，也有外地来“取经”的企业界人士，还有来考察的政府官员。不过，主要接待任务由公关部的主管们负责，具体事务由相关部门的人谈，老总有时也会亲自出马，小莹的主要工作是端茶倒水、说些客套话，有时还会被指派给客人带路，可以说是一个不起眼的小角色，高中生也能胜任，几乎没有“立功”机会。

但小莹心里并没有“大材小用”的想法，她很认真地对待这份工作，每天工作结束，她都要写工作日志，记录今天接待了哪些客人，接待的内容和效果，以及客人的基本情况，如姓名、单位、联系方式等，不仅如此，她还运用在大学里学过的心理学、性格学等理论，对客人进行观察，写下他们的个性特点、处理问题的特色以及跟他们打交道的妥当方式，等等。

3个月试用期满后，公关部长找她单独谈话，表示她已获正式聘用，并要她谈谈这段时间的工作体会。她拿出工作日志，恭恭敬敬地递给部长说：“我喜欢这项工作，并且尽心尽力去做了。但我的经验有限，不知道哪些方面做得不够好，希望您多多指教。”

部长翻开工作日志一看，不禁大吃一惊：“不愧是名校毕业生，头脑就是不一样。你的记录很有参考价值，请坚持下去。”

公关部长当即把小莹的工作日志送给老总过目，老总也很感兴趣。为什么呢？公司每年接待成千上万来访客人，除客户外，还有不少将来“用得上”的客人，公关部虽然对他们的基本信息有登记，但很不详细，时间长了，也就淡忘了。小莹的记录，勾勒出了客人的基本轮廓，可以为日后的交往提供指南，于是，老总亲自下令提升小莹为接待组长，主要工作也从端茶倒水变成了接待记录。

在本例中，小莹做的是一份极普通的工作，但她用心去做了，又通过工作日志，把自己用的心、尽的力展示出来，上司对她的工作态度、工作能力和工作表现就心中有数了。

不过，记工作日志的最大价值不是为了向上司表功，而是为了让自己对工作过程、工作绩效心中有数。同时，它还可以帮助你回顾和总结工作中的不足，为日后的改进提供依据。

3. 功劳不可被埋没

在工作中，存在着一个被大家忽略的“锯树原理”——前面的人花了很多时间锯一棵树，将断未断时，后面的人接着干，很快将树锯倒，大家只看见大树倒下去的精彩瞬间，忘了前面人的辛苦，于是，前面的人成了

"无名英雄"，后面的人成了"杰出人士"。

从古到今，都是一大批"无名英雄"托起一小撮"杰出人士"，陈胜振臂一呼，天下响应，不是他神通广大，而是前面有无数人做了无数宣传发动工作。商鞅改革，独擅其功，没有前面数百年的基础，秦国怎么可能迅速强大？假设你是"杰出人士"，一定要记住"无名英雄"们的功劳；假设你是"无名英雄"，一定要大胆发言，不要甘心埋没。

有一份时尚杂志，为了赶在五一节前出创刊号，设计部门在期限到来前，连续加班加点，终于制作出一本精美的杂志。老板很感动，准备给予奖赏。不料，因为合作单位发生变化，只能暂停出刊。找到新的合作单位后，刊物重新上马，但内容、版式都按照更高、更新的要求重新设计了。刊物一出来，很快得到了读者的好评。

最大的功劳，当然归于公司新聘的一位首席设计师，在庆功会上，老板对他赞赏有加。原先的几个设计师也承认他的首功，但他们是这样表态的："创刊号的一炮打响，主要得力于××（首席设计师）的独到创意和优秀的色彩功力，我们很高兴有这样一位高手加入我们的团队。虽然我们原来所做的那一版创刊号最终报废了，但我们的努力却没有白费，它给设计部后来的工作提供了经验和参照标准。"

这番表功，让老板记起了当初他的感动，点头说："对，功劳是大家的，奖励也是大家的。没有你们原来打下的基础，××的工作也不会如此高效、精彩。希望大家继续努力、团结合作，使我们的杂志越办越好！"

这几个设计师是明智的，他们主动表功，使自己的功劳免于被埋没，并得到了该得的名誉和奖赏。

你要知道，功劳被埋没，并不是你的工作单位所独有的现象，几乎成了一个约定俗成、大家公认的事实，你若不想被埋没，最好主动表功，千万别指望上司会记得你的功劳。

第6章 经营快乐家庭

——成为家庭总设计师的秘诀

用爱心经营父母亲情

女儿的孝顺，一般认为胜过儿子，因为女儿善于用动心的语言、用丰富的表情表达对父母的敬爱，而儿子习惯于把爱藏在心里，但是愿用行动、用物质表达对父母的孝心。

男人和女人结为夫妻，对双方的父母来说似乎是一件幸事，两人优势互补，感情与物质兼备，不是更能让双方的父母倍感心慰吗？但生活中的情形，并没有这么理想，比较常见的是，女婿乐于给岳父、岳母尽孝，儿媳永远跟公婆搞不好关系。感情或利益的倾斜，必然引发家庭矛盾，相争的结果，或者丈夫向妻子投降，于是他的父母得到是的“娶个媳妇赔个儿”的结果，他本人也形象受损，被贴上“不孝之子”的标签——这在中国，自古以来都是严重的失德行为。或者丈夫绝不屈服，用各种手段捍卫“孝子”的名声，于是夫妻感情的质量急剧下降，为此离婚者不计其数。

以此看来，能否经营好父母亲情，很大程度上取决于嫁为人妇的女人。她用怎样的眼光界定跟婆家父母的关系，决定了整个家庭关系的基本格局。

作为女人，你若想幸福地生活在一个轻松和谐的人际环境中，第一件大事是培养夫妻一体的意识。传说古人原本是男女合体，力量强大到让上帝都感到惊恐，于是将人劈成男女两半，从此，男人和女人都在寻找自己的另一半。你既然嫁作人妇，就到了跟另一半合为一体的时候了，两人相亲相爱，结成一个“夫妻人”，而双方的父母都是培育这个“夫妻人”的“功臣”，理当得到亲情回报。所以，夫妻双方都应该把对方的父母视为自己的亲父母，一视同仁。古人称女婿为“半子”，女人也应该拿自己当公婆的女儿，跟丈夫一起尽孝顺的义务，而不是拿自己当一个关系可亲可疏的媳妇，将尽孝视为恩赐。

应该怎样尽孝呢？《佛说尸迦罗越六方礼经》认为，对父母应该做到这五件事："一者当念治生；二者早起敕令奴婢，时作饭食；三者不益父母忧；四者当念父母恩；五者父母疾病，当恐惧求医师治之。"

"当念治生"——做儿子的应该努力工作，赚取生活来源。这对父母来说是最大的安慰。如果好吃懒作，成年了还靠父母养活，是最大的不孝。

"早起敕令奴婢，时作饭食"——早早起来，不睡懒觉，安排保姆按时做好饭菜，供给父母饮食。中产以上家庭才请得起保姆，没有保姆，那就应该亲自操办。不管怎样，供给父母饮食，要求都不算太高。

"不益父母忧"——不让父母担心。最好老实做人、踏实做事，保护好自己身体、事业和名声，这样父母只会开心而不会担心。

"当念父母恩"——应该感念父母的养育之恩。而女人应该感谢公婆为她培养了一个好老公。但现实的情形是，女人跟老公感情好时，不认为这跟公婆有什么关系，一旦跟老公闹翻，便责怪那两个"老东西"教子无方，这就是记过忘恩了！

"父母疾病，当恐惧求医师治之"——为父母的身体担心，他们有疾病时，应该及时送医治疗。

以上五条，可以说是每一个做儿子的最基本的义务，而身为妻子，应该跟丈夫一起担起这份责任。假设妻子抱着"与我无关"的态度，使丈夫尽孝的心得不到表达，后果相当严重。第一种后果是：丈夫对此抱着无所谓的态度，可见你嫁了一个忘恩负义的老公，这是你的不幸；假设老公对此耿耿于怀，终有一天会爆发出来。

男人的孝心，并无一定，当父母安康时，他无动于衷；一旦父母遭遇不幸或者亡故，孝心就爆发出来了，往往产生"子欲养而亲不在"的痛悔之情。

子路曾说：背着重东西走远路的人，想休息不挑选地方；家里贫穷、父母年老的人，找工作不挑选待遇。从前，我侍奉双亲时，自己吃粗粮野菜，却替父母到百里以外的地方背米。双亲去世后，我到楚国去做官，跟随我的车子有一百辆，积累的粮食有上万钟，软褥子叠起来坐，饭菜摆满了桌子。这时候，我希望再回到那种吃粗粮野菜、为双亲背米的日子，已经不可能了。用绳索串起的干鱼，能保存多长时间不被虫蛀？双亲的寿命，就像阳光透过门缝，转眼就去了！草木想要继续生长，霜露却不给予机会；儿子想要侍奉父母，双亲的寿命却不能等待。所以说：家里贫穷，父母又年老了，做儿子的不管待遇多少也该外出工作啊！

子路的话，道出了男人的心声：失去了才知道亲情的可贵。悔恨之余，他就要开始追究责任了，如果责任出在妻子身上，他一辈子都难以原谅她。他也许不说出来，但会用冷漠、背叛等各种手段伤害她。许多受到伤害的妻子不知道自己做错了什么，其实根源在于丈夫“为父母报仇”的心理。更有甚者，许多丈夫为了“不益父母忧”，忍气吞声地跟妻子周旋，一旦父母亡故，他就无所顾忌了。很多中年男性主动要求离婚，往往发生在父母亡故之后。

作为一个聪明女人，你当知道，丈夫的孝心，是你最可信赖的品质；而公婆不是你们夫妻的障碍，反倒是你的幸福婚姻的“保护伞”。帮助丈夫尽孝，也是为你自己培养感情基础。

但是，现代家庭，夫妻与公婆同住的越来越少，往往夫妻双方身在外地，难以在公婆身边尽孝。怎么办呢？还有几个补救之法：

1. 接公婆前来小住

每过一段时间，把公婆接来小住一段时间，对他们尽心照顾，带他们出门观光，吃当地美食，你尽孝半个月，他们回去能开心3个月，在邻里面前夸你一年。当你陪丈夫回家探亲时，你会发现，那些老人家会用很欣赏、羡慕的眼光看着你，遗憾自己没有一个像你这么好的儿媳妇。而丈夫也有面子，会真心感激你。假设丈夫对你不好，在父母眼里几乎是大逆不道，必然全力维护你。你投入如此之少，回报如此之多，岂不是很聪明的做法吗？政治家都善于用好话和小福利“收买人心”，你也需要一点“政治眼光”。

当然，对你娘家的父母，你也可以用同样的方法办理。只要你一视同仁，丈夫绝对不会提出反对意见。相反，他会加倍对你的父母好。

2. 经常联系

无论生活多么紧张忙碌，别忘了给公婆和娘家父母打个电话问候一声，给父母一点关心，一点问候，让父母知道：你爱他们。

你还要提醒老公不时地给父母打电话。在多数时候，男人可能认为没有必要，如果他嫌麻烦，倒也不必勉强，在公婆眼里，儿媳妇的态度最重要。

3. 记住父母的生日

忘了公婆和娘家父母的生日，可以说是女人不可饶恕的错误。这说明你根本没拿自己当这个家庭的人，那么，他们也很难拿你当家人。

如果有条件，最好亲自去给父母祝寿；万一没有条件，电话和礼物也不可缺少。

4. 常回家看看

《常回家看看》那首歌，之所以唱红全国，感动了亿万人，是因为这很重要。一年有春节、国庆、元旦，有元宵节、端午节、中秋节，有父亲节、母亲节……你也许不能每个特殊日子都“回家看看”，但要尽量抽出时间，多回家团聚。

夫妻经营之道

夫妻经营，没有现成的模式，大家各凭感觉，结果如何呢？一些家庭的婚姻质量不高，相当多的夫妻只是考虑到离婚成本太高，才勉强“凑合着过”，可想而知，和谐与幸福是谈不上的了。正因如此，许多男女索性选择独身，不敢走进婚姻大殿。

现代人自由恋爱，婚姻是双方自愿选择的结果，质量应该越来越高，为什么反倒降低了呢？古代实行包办婚姻制，男女没有自由选择的权力，但对婚姻的惨痛记忆反倒没有现在多。

究其原因，现代夫妻之间，已经丢掉了一项重要内容：礼仪。古人说："无礼不行。"礼仪是维持各种人际关系的有力支柱，失去了礼仪，就失去了和谐。

下面介绍释迦牟尼的《佛说尸迦罗越六方礼经》中记录的夫妻基本礼仪，并根据现实情况加以引申，以供参考。佛教是讲平等的宗教，"佛"的含义就是"平等无差别之至道"，在佛祖眼里，男人和女人并无差别，这跟现代人的"男女平等"观念相通，因此佛经中的夫妻礼仪与现代平等精神并无冲突。

1. 丈夫应为妻子尽五项义务

《佛说尸迦罗越六方礼经》认为，丈夫应该为妻子尽五项义务："一者出入当敬于妇；二者饭食之以时节与衣被；三者当给与金银珠玑；四者家中所有多少，悉用付之；五者不得于外邪畜传御。"

一般观点认为，夫妻关系当以爱情为首。但佛祖却把"敬"列在第一位。这也许更接近爱的本质。就像鲜花必须生长在土壤上一样，爱的种子也需要栽培在"敬田"中才能开出美丽的花朵。

女作家琼瑶在论夫妻关系时说："失去了敬意，这婚姻便不能维持了。"因敬而生爱，是真爱。没有敬意的爱，哪能长久呢?

"出入当敬于妇"——无论在外面还是在家中，都应该尊重自己的妻子。有的人一面向妻子表白爱情，却又不尊重她的人格和自由权利，看见她跟某个男人交往，心里就打翻了醋罐，甚至严加干涉；平时作决定，不尊重妻子的意见；人前人后，殊少礼仪。凡此种种，都不利于关系的和谐。

"饭食之以时节，与衣被"——保障妻子的饮食、衣被等基本生活需求。过去男主内、女主外，男人有义务赚钱养家。养不活老婆，会被认为是没出息的男人，而且家庭也无法维持。妻子饿得受不了，要离婚，丈夫也应无话可说。因为他还不具备当丈夫的资格。现在男女都有工作机会，但男人仍应尽赚钱养家的义务。如果男人所赚的钱足以维持全家的生活，会给妻子带来安全感，而且妻子也有了更多的选择自由，无须为了工作而牺牲尊严、自由。总之，男人要有保护妻子的有力的臂膀。

“给与金银珠玑”——应该尽量让妻子打扮漂亮一点，使她在人前有面子。“金银珠玑”是指贵重饰物。现代的饰物比过去丰富，除首饰外，其他如名牌香水、名牌时装、各种化妆品，等等。当然，这需要量力而行。

有人认为，爱情应该重精神而轻物质。但是，爱与尊重是人的本质需求之一，假如女人衣着普通、相貌平凡，在外面被人轻视，那就是丈夫没有尽到责任了。

“家中所有多少，悉用付之”——把家财交给妻子管理。妻子又称“女主人”，只让妻子做事，不给她支付钱财的权力，那她就不是女主人。现代的经济格局与古代不同，许多夫妻婚前就签订了财产协议，夫妻各管自己的财产，这类似于同居关系。作为男人，如有白头偕老的诚意，就该把家财交与妻子管理。财产带给女人的安全感胜于一切花言巧语。

“不得于外邪畜传御”——用现代话说，不得在外“包二奶”“养金丝雀”、拈花惹草，应该对妻子忠诚不二。有的男人，“有钱就变坏”，没钱也学坏，有违夫妻之道。

2. 妻子应为丈夫尽五项义务

《佛说尸迦罗越六方礼经》认为，妻子应该为丈夫尽五项义务：“一者夫从外来，当起迎之；二者夫出不在，当炊蒸扫除待之；三者不得有贰心于外夫，骂言不得还骂作色；四者当用夫教诫，所有什物不得藏匿；五者夫休息，盖藏乃得卧。”

“夫从外来，当起迎之”——丈夫从外面回家，妻子应该起身迎接。电影里经常有这样的镜头：丈夫回家时，妻子满怀欣喜地迎上前，接过丈夫的衣帽，挂在固定的地方。虽然是很简单的礼仪，夫妻间的亲切和谐却自然洋溢。可惜，在现代大多数中国家庭，这种场面已经见不到了。这不是时代的进步，而是文明的衰退。人们表达感情，需要借助一定的表现形式，如语言、神态、举止等，礼仪是一种复合语言，它是用智慧设计出来的一种表达情感的高级方式。例如：妻子满面春风地迎接丈夫，好比是说：你平平安安地回来了，我好开心；你辛苦了，快进来歇歇吧！随着神态的变化，还可以表达更多内容。掌握这种语言，其价值胜于学会一门外语。

许多妻子以为，现在男女平等，用不着在丈夫面前表现出低人一等的样子。这显然是对礼仪的误解。按照礼仪，妻子比丈夫晚回家，丈夫也应该起身迎接。这不是很平等吗？有的妻子还认为，夫妻天天见面，何必这么客气？这也是对礼仪的误解。夫妻感情需要经常表达，否则就会变冷变淡。用礼仪进行表达，不是更简便、内涵更丰富吗？

"夫出不在，当炊蒸扫除待之"——丈夫出门工作，妻子应该做好饭食、把家里收拾得干净整洁，以迎候丈夫回来。

现代夫妻都出门工作，应该由谁做饭、做清洁，最好事先商定，两人分担，免得到时候你推我让，不但夫妻感情生分了，还可能引发家庭矛盾。经营家庭跟经营企业一样，需要分工协作。责任不明，就会问题丛生。划分责任，并不是很难解决的问题。

"不得有贰心于外夫，骂言不得还骂作色"——妻子不得移爱于其他男人，丈夫骂她不得回骂和脸现怒容。

外遇对夫妻关系的伤害毋庸置疑。为什么丈夫骂妻子，妻子不得还嘴呢？难道妻子低人一等吗？前面不是讲丈夫无论在外面还是在家中，都应该尊重妻子吗？在这里，佛祖谈论的不是夫妻地位，而是在特殊情况下夫妻相处的技巧。男人在外面受了气，偶尔把情绪带到家里来，也属正常。当丈夫发火骂人时，已为情绪左右，再好的道理也听不进去。妻子针锋相对，不等于火上浇油吗？聪明的妻子，遇到这种情况，必然是和颜悦之，温言慰之，等丈夫火气消了，再来讲道理，使他认识到自己的错误。如此，自己像个通情达理的贤妇，丈夫像个知错就改的贤夫。这不是最好的结果吗？

有的妻子不知变通，丈夫骂一句，她要回骂三句。最后丈夫动起粗来，事情闹大了，不但左邻右舍来瞧热闹，还可能惊动各方亲戚。如此，自己像个泼妇，丈夫像个虐待狂，这不是最坏的结果吗？

当然，男女平等，妻子发脾气时，丈夫也当轻言细语宽解之，不要针锋相对、激化矛盾。

"用夫教诫，所有什物不得藏匿"——妻子应该听从丈夫的劝告，一心办好家事，不要把好东西藏起来留给自己享用。

在过去的大家庭，有些妻子会为了小家庭而藏匿财产。比如《红楼梦》里的王熙凤，她特别会搞“小金库”，贾府日益衰败，她的私财日益丰富。现在多为小家庭，这种现象并不多见。但持家理财是一门学问，有的妻子不善此道，也有学习的必要。

“夫休息，盖藏乃得卧”——丈夫睡觉了，妻子盖好米缸、锅盖等，免得老鼠偷吃食物；关好房门，免得小偷溜进来。总之，把家务拾掇好了，才能休息。“盖”字也许还包括给丈夫盖好被子，这体现了妻子对丈夫的温存体贴。妻子为什么要给丈夫盖被子呢？因为古代的工作比较辛苦，丈夫劳作一天，可能倒床便睡。妻子心疼他，给他盖被子，理所当然。现代工作没那么辛苦，丈夫临睡前拾掇家务、给妻子盖被子，又是另一种温存体贴。

总之，夫妻经营，并非难事，也不容易，关键在于爱心、耐心、细心，有这三心，辅之以礼仪，必然夫唱妇随、其乐融融。

巧妙经营亲友与邻里的关系

对经营幸福而言，在身边维持一个和谐的人际关系圈十分重要。下面介绍几个可行方法：

方法1：向古人学习交际智慧

古人待人处世，以“忠厚”二字为基，融美德修养和处世艺术为一炉，值得现代人学习和借鉴。《佛说尸迦罗越六方礼经》介绍了与亲友忠厚相处的五项原则：“一者见之作罪恶，私往于屏处，谏晓呵止之；二者小有急，当奔趣救护之；三者有私语不得为他人说；四者当相敬难；五者所有好物，当多少分与之。”

“见之作罪恶，私往于屏处，谏晓呵止之”——看见亲友想干坏事，就把他带到无人之处，尽一切努力制止他的行为。“谏”是直言相劝，“晓”是讲清道理，“呵”是大声斥责。“谏晓呵止”四个字，简洁而含意丰富，准确表达了劝诫朋友的步骤和合理方式：先把对方当聪明懂事的人，劝他不要这样做。如果对方不听，仍要照顾他的面子，耐心分析利弊。如果对方执意不听，那就顾不上他的面子，应该大声呵斥，严厉制止。假设对方不顾利害，仍然执意去做，那就没办法了，你已经尽到了做亲友的义务。孔子说：“忠告而善道之，不可则止，无自辱焉。”你尽到了义务，他不听就算了，不必自取其辱。

“小有急，当奔趣救护之”——亲友有急难，赶紧设法予以帮助。“小有急”，是稍有急难的意思。这不是说，小事帮忙，大事就不管了。而是说，稍有急难就该帮忙，大有急难当然更该帮忙。当然，帮助亲友也要量力而行。比方说，人家住院急需10万元，我拿不出，拿出几千、1万元，也算尽了力。

“有私语不得为他人说”——有关亲友的隐私、机密，不得告诉第三者。对方信任你，才跟你分享隐私、机密，泄露给别人，就辜负了对方的信任，甚至会给对方造成伤害，是严重不义行为。

“当相敬难”——对亲友要相互敬重。“敬难”，即极为敬重，不避难就易的意思。打个比方，路上相遇，点点头，问声好，比较容易。停下来，握握手，嘘寒问暖，难度较大。亲友结婚，发个贺电，寄个礼物去，比较容易。放下工作，千里迢迢，亲自去参加婚礼，难度较大。你尽礼的方式越难，越能表明对方在你心目中的重要性，双方的友谊会越深厚。

据《说苑》记载，古时候亲友办喜事，身在50里以内，必须亲自前往祝贺；如果是办丧事，百里以外也要赶回去吊唁和馈赠礼品。当时交通不发达，从百里外赶回去，是很困难的。这正是“敬难”。

“所有好物，当多少分与之”——自己得了好处，随多少分一些给亲友。自己条件好，适当接济亲友中的贫弱者，很有必要。在这方面，犹太人的“慈善法则”值得借鉴：先救助自己。自己足以自立时，再救助亲友。尚有余力，当救助本乡。尚有余力，当救助本国。总之，把慈善活动控制在力所能及又尽力而为的范围。

2. 亲友交往中三个要注意的问题

在亲友交往中，要注意以下三个禁忌：

（1）忌经济往来糊涂账。亲戚之间在合作共事时，不要以为大家是亲戚，就感情用事，什么也不考虑，这样做的后果往往不好。到了发生经济纠纷时，大家就会因事先没有约定而闹得不愉快。在有了合同的情况下，就一定要讲信用，不能只顾自己，更不能贪图便宜。总之，亲戚之间的钱物往来，既可以成为密切感情的因素，也可能成为造成矛盾的祸根，就看你如何处理了。

（2）忌居高临下或强人所难。亲戚之间虽有辈分的不同，但是，也应当相互尊重，平等对待。特别是在彼此之间有地位、职务差异的情况下，更应如此。常言说："穷在街市没人问，富在深山有远亲。"这就是说，就亲戚而言，财大的、地位高的人对于比不上他们的亲戚来说是很有吸引力的。地位低的人总是希望从地位高的一方那里得到一些帮助，同时他们又怀有极强的自尊心。在这种情况下，如果地位高的一方对来求助的亲戚表示出不欢迎的态度的话，那就很容易伤害对方的自尊。

（3）忌为所欲为，不讲礼节。亲戚之间由于彼此关系有远近之分，有密切程度上的差别，因此，在相处中要注意把握适当的分寸。"亲戚越走越亲"，是一般原则。

3. 轻松打理新邻里关系

今天，随着住房条件的日益改善，人们再也不必为谁占了谁家的走廊之类的小事争得面红耳赤了，也不必担心谈话时隔墙有耳了，可人们又都被水泥壁垒裹住了。据调查，现在邻里之间打招呼的比例与10年前相比下降了25.18%，但互助互惠的比例却上升了65.61%。新邻里关系极大地体现了"人性化"——人们多了双向选择的空间。

现在的邻里关系，表面上的寒暄也许少了，但遇到问题的解决方式却科学有效起来。新邻里关系注重的是大家和睦相处但绝不干涉"内政"，强调的是一种距离感——众所周知，距离常常产生美。很多社区都设有"住户服务中心"和"业主委员会"，邻居们有什么事情不再相互麻烦，而是直接到住户服务中心，这已经成为一种模式化运作。

随着社会流动和职业流动越加激烈，人们对非利益性、非工作性的人际交往产生了一种需求。当同事、事业伙伴与竞争对手都在不断变化，人们更期待一种在家庭之外的稳定但与经济利益无关的关系。建立这种关系并不难，双向的渴求可以带来迅速的接近。这完全取决于你自己是否乐于敞开心怀，接纳你的好邻居。好邻居之间应该有一种互助关系，比如，一起打球，一起种花，一起为孩子钉秋千架……邻里之间的合作关系是一种有乐趣的奉献，体现自己事业之外的价值。合作与互助，让邻里关系成为最有趣、最轻松的社会关系。

处理好与孩子的关系

孩子问题，今天已成为众多职业女性的最大困惑。而且，这一困惑将伴随孩子出生前后的许多年时间，一直到孩子成年并组成家庭，你若是教子有方，或可松一口气；若是教子无方，直到年纪老迈，还不得不为孩子烦恼。

以下是女性常见的几个困惑：

困惑 1：升还是生？

从医学角度来看，女性的最佳生育年龄是 25～29 岁，大于 35 岁的孕妇称为高龄产妇。高龄孕妇在妊娠时，胎儿出现畸形和缺陷的概率比正常育龄妇女明显要高，所以，女性应尽量避免在 35 岁以后生孩子。但对于职场女性来讲，30 岁左右又是很关键的上升期，你想在职业生涯有所突破，就该全力以赴往上冲，然而，这样就会错过生孩子的黄金期，确实是两难选择。

有一个女孩，结婚后以事业为重，一再推迟生孩子的时间，急得想抱孙子的婆婆无数次打电话催促。婚后 6 年，老板决定提升她为行政主管，但要经过半年的考察期。转眼 3 个多月过去了，她的工作开展顺利，眼看行政主管的位置非她莫属，却意外地发现自己怀孕了。于是，她犯难了！生孩子吧，眼看到手行政主管的职位就要放弃，可观的工资和事业上的成就摆在眼前。不生吧，眼看就快成高龄产妇了，也难以面对婆婆期待的目光，无奈之下，她向婚姻专家咨询意见。

但是，哪个专家能给她明确意见呢？这并非“鱼与熊掌”的选择，而是“熊掌”与“熊掌”的选择，如何取舍，全取决于她自己的价值判断。

生孩子对升职的影响显而易见，那些不负责任的公司，可能根本不给产妇保留工作机会；负责任的公司，会给产妇保留机会，但你的职业生涯也会因此中断六七个月，今天的社会日新月异，当你再次走上工作岗位时，职场环境也许发生了一定变化，可能对你的进步有一定妨碍；养育婴儿的责任也会对你造成相当压力。但是，孩子对一个女人的幸福也至关重要。年轻时没有孩子无所谓，一旦到了中年，就会觉得这是人生的一个重大缺憾。

有没有两全齐美的办法呢？当然有。只要你的资源足够丰富，也可能二者得兼。升职和生孩子，如同经营商业项目，如果你人力、财力资源不足，只能经营一个项目，不宜贪多。如果你资源充足，多路出击也没有问题。那么，你需要哪些资源呢？

（1）精力。工作和育儿，都是很累人的事，所以你要加强锻炼，保持精力充沛。

（2）财力。将一个孩子养到大学毕业，需要一笔不小的开支，对此要有充分的准备。

（3）人力。你需要跟丈夫、公婆和娘家人商量，如果大家都乐意为你的孩子出力，帮得上忙，事情就好办了。

（4）助力。跟上司、同事搞好关系，只要上司愿意罩着你、同事愿意帮着你，当工作与育儿发生冲突时，可以将工作上的一些难题拜托给他们，就没有什么可担心的了。

（5）心力。假设你真的很想要孩子的话，那就生吧，其实，无论有多么大的困难，为了孩子，都是可以克服的。

困惑2：宽还是严？

孩子生出了，教子又成了一大难题。

如果你感到左右为难，倒有一个比较稳妥的方法：教给孩子美德。或者说，教孩子做一个好人。

有一句英文说得好："Charity begins at home。"（一切美德源于家庭）传授知识不一定是父母的责任，也并非父母所能，但传授美德却是父母的责任。孩子的价值观在7岁左右就已经成形，以后很难改变，你把孩子送到学校去学美德，已经太迟了，所以从幼儿时就要教孩子以美德。

美德的定义很广泛，但有几条最基本的：

（1）责任。对自己负责，对家庭负责，对社会负责。

（2）勤奋：无论天才或庸才，都要以此为安身立命的基础。

（3）诚实：对自己诚实，对别人诚实。

（4）守法：苏格拉底说："守法即是正义。"守法也是最好的安身之道。

（5）公正：最低限度，不损人利己。

（6）礼貌：尊重每一个人，对任何人都以礼相待。

（7）尊贤：结交好人，远离坏人，敬重贤人。

（8）好学：一定要有自学能力和随时向他人请教的习惯。

不论一个孩子智商高低，只要具备以上8项美德，你就不用为他的未来担心了。

困惑3：管还是放？

许多父母工作忙，精力有限，没有多少时间管孩子，只好相信自己的孩子是个聪明懂事的孩子，采用"放羊式"管法，丢在一边，任其择食。但是，现在足以让孩子受到负面影响的东西实在太多了，一不留神，就会出大问题。

无论你多忙，最少要管住以下几件事：

（1）管住污染源。不健康的书报，不健康的网络资料，不宜让孩子观看。在这方面，国外建立了未成年人保护机制，但国内没有，只好由父母承担保护人。还有一些专家讲坛、论坛，看似高雅，其实也是重要的污染源。孩子还小，头脑没有必要那么复杂，只需看些青少年读物就行了。

（2）管住交友圈。环境对孩子的成长极为重要。如果你的孩子跟一些爱学习、品行好的孩子交往，你该感到欣慰；一旦发现孩子跟那些吊儿郎当的孩子交往，你就该当心了，如果不及时制止，你的孩子必然变得跟他们一样。

（3）管住率性而为的习惯。孩子缺乏自律，好冲动，耍小性子，好像没问题，其实大有问题，尽量不要让孩子养成这种习惯。

经营一个温馨快乐的家

德国一个小镇上，有一座塑像立在街头。这是一个家庭主妇，头戴帽子，身穿家常服装，挽着菜篮，似乎正要上街买菜。

雕塑从来是献给伟人、英雄、名士或神话人物的，专为家庭主妇塑像，倒是极为少见，可见人们渐渐发现，家庭主妇这个看似普通的角色，其实并不普通。

一个家庭是否幸福，不在于它是否富贵、显赫，而取决于它的女主人是否善于经营。

如何经营一个温馨快乐的家？

1. 美化环境

环境对人具有很强的暗示作用，有的环境可以让人精神振奋、乐观向上、清雅自守，而有的环境让人心情烦乱、精神颓废、自暴自弃，举一个简单的例子，在一个脏乱的地方，你会毫无顾忌地随地吐痰、乱扔垃圾，而进入一家豪华宾馆的大厅，你自然不会随地吐痰、乱扔垃圾。

你的家不必是豪宅，但一定要经营得很舒适；你的家不必一尘不染，但一定要经营得干净整洁。最重要的是，你最好发挥自己的匠心，赋予它艺术之美。在一个美的环境中生活，家人会自然受到熏陶，生活态度更积极、严谨和乐观。

2. 经营和谐亲密的家庭关系

作为一个主妇，你有义务让家庭成员能够轻松、亲密地交流，而不是保持一种冷冰冰的关系。如何培养人气呢？你应该少用聪明、多用智慧，少用教训、多用感情。也就是说，随时关注家人的状况以及情感变化，设法维持一个和谐的氛围，用欣赏的眼光看待家人的表现，但不必添加太多个人意见，除非触及某些原则问题，否则尽量不要进行干预。我们不妨看看老布什的妻子、小布什的母亲芭芭拉是如何经营家庭关系的：

芭芭拉称得上全球最荣耀的女人之一，她有一个总统丈夫、一个总统儿子，其他三个孩子也很优秀，其中一个是州长。但她对自己的评价是："我一辈子没干别的，就是当一个母亲，把儿子培养成一个爱因斯坦式的人物，我为此感到很幸福。"

芭芭拉是一个家庭观念很强的传统型女人，尽管妇女外出工作已成为时尚，她还是一心一意地在家里当一个好妻子、好母亲。在孩子们入学之前，芭芭拉每天给他们朗读文章，一般在孩子入睡前进行，每次15分钟以上。她还在家里摆上一些适于幼童看的书，如动画图书、幻想故事、有关日常生活和动物的儿歌及寓言，等等。不过，她主要采用自然引导方式激发孩子对学习的兴趣，并不强行干预。

芭芭拉从来不大声斥责孩子，她认为，如果孩子所敬爱的母亲如此斥责他们的话，会使他们的自尊心受到伤害。如果孩子犯了错，她会若无其事地带他们出去玩，一边玩，一边引导他们反省错误。对拿不准的事，她从不急于表态。有一次，小布什不小心把议长家的玻璃砸烂了，芭芭拉觉得这不是一件小事，但并不急于处理，回家跟丈夫商量该怎么办。老布什幽默地说："这是真的吗？我们的孩子扔石头扔得这么准吗？"于是，芭芭拉也就释然了。

对于丈夫的事，芭芭拉也不强行干预，以欣赏和肯定为主。后来，她还把这条经验传授给儿媳劳拉："不要批评你丈夫的演讲。"不料，有一天，小布什开车回家时，要求劳拉对自己的竞选演说发表看法。劳拉还记得婆婆的忠告，又不愿说假话，所以不予评价。但禁不住小布什再三要求，她只好说："不是很好。"话音刚落，小布什就把车撞到了车库的墙上。于是劳拉也明白了婆婆的忠告多么有智慧——丈夫的压力已大到极点，亲人的一点点干扰就可能让他崩溃。

美国人的家庭观念不太强，但芭芭拉把自己的家庭经营得有声有色，对家人具有无穷的吸引力，所以，四个孩子成家立业后，一直到现在，还保留着一个习惯：周末回到父母的庄园，一大家人共享天伦之乐。有人曾问老布什这辈子最成功的事情是什么，老布什得意地说："我认为我最成功的事情是，我的孩子们仍然回家。"

你想得到一个健康快乐的家庭，就要经营出宽松而有原则的氛围，让每个人都感到轻松而又不放任。将来，当你的孩子成年后，仍然渴望回家，你就称得上一个成功主妇了。

3. 跟家人玩在一起

一个女人应该培养一种或多种爱好，使你的休闲不至于太乏味。时下，大多数女人的休闲活动项目，不外是烹饪、插花、种花、养宠物、唱歌、跳舞、看电视等，再不就是打牌、搓麻将。除此之外，不妨培养一些更具挑战性的爱好，如绘画、雕塑、摄影、研读名著、陶土制作、射箭、骑马等，不要再局限于传统女性消遣的项目。

但最重要的是，你要能跟老公、孩子玩在一起。如果你不能跟他们玩在一起，他们就会去找能一起玩的人，渐渐地，你会越来越不了解他们，而他们也更愿跟玩伴相处而不愿理你。父母应该跟孩子交朋友。但是，玩不到一起的人是无法交朋友的。你想保持原有的亲密关系，最好开发出一些家人都感兴趣的娱乐项目，大家玩在一起，岂不乐哉？

4. 热爱生活：跟撒切尔夫人学精致生活

撒切尔夫人是英国历史上第一位女首相，执政时间长达 11 年之久，并获得了"铁娘子"的称号。撒切尔夫人在政坛上"很铁"，但是在家庭中却从不失女性应有的柔情，是众所公认的一位出色的家庭主妇。她和丈夫生育了一对龙凤胎，只要有时间，她总是乐呵呵地为丈夫丹尼斯和宝贝儿女做可口的饭菜。每天早晨 6 点钟，她准时为丈夫丹尼斯准备一杯滚烫的咖啡和一份可口的早点。下班后，她会包上头巾、系上围裙，亲自动手做各种家务。有一次，她在会议散场时，看了一下手表说："我还来得及赶到街口的食品店为丹尼斯买些他喜欢吃的熏肉。”

撒切尔夫人努力经营一种精致而幸福的家庭生活，她曾坦言：“家庭生活是否幸福，会对一个人产生巨大影响。”她关心丈夫的生活，支持丈夫的事业。同样，丹尼斯也在方方面面给予了她关心和支持。夫妻俩有共同的政治观点和兴趣爱好，都爱看书，喜欢一起旅行，一同听音乐，他们的家庭总是充满着温馨和幸福。

令人惊叹的是，退出政坛、年届75岁时，撒切尔夫人仍然过着那种精致而幸福的生活。她喜欢穿蓝色衣裙，双目炯炯、神采奕奕、步履轻快，风韵不减当年。有人归纳了她的五大生活特点：

（1）饮食很有节制。她早上6点半起床，洗漱看报后便用早餐。早餐很简单，一杯咖啡、一杯橘子水，主食只吃一片涂有果酱的面包。中、晚餐除了面包等主食之外，菜肴则是荤素搭配，以素为主，新鲜蔬菜是必不可少的。她很注意控制体重，力求做到胖瘦适度。

（2）始终热爱生活，注意服饰和美容。她的穿着总是合体、入时，在多数情况下，身穿柔和的蓝色服装已成为她的特征之一。她那优美的发型，与她的面容呈现出一种协调和谐的美。为了保持发型，她经常梳头，而梳头又可促进头部血液循环。据说她从来不用化妆品，主要靠调整饮食结构来保养皮肤，诸如经常吃水果和各种新鲜蔬菜，平时多饮水，每晚坚持自我按摩，保证充足睡眠，以至于年逾古稀尚能保持皮肤润泽。

（3）坚持参加适度的体育活动。撒切尔夫人年轻时喜欢参加各种球类活动，后来很少参加球类活动，但经常散步、爬楼梯，从不间断，以锻炼身体。

（4）兴趣爱好广泛。撒切尔夫人喜欢吟诗、作画、作曲、弹钢琴，还喜欢收藏古董，如瓷器、中国名画等。总之，她的生活丰富多彩。

（5）心胸开阔、豁达、喜怒哀乐都很适度，始终在微笑和轻松愉快中生活。

在某些人看来，“女强人”等于孤独的女人。但这不是真正的“女强人”，她们只是某个方面强，其他方面很弱。真正的“女强人”如撒切尔夫人，不仅可以是事业成功的女人，也可以是精致的女人、家庭和谐的女人、幸福的女人。

第7章 聪明理财

——幸福女人必修的理财课

理财之核：花钱买快乐

花钱是为了什么？是为了花那笔钱、买那件东西吗？不是，是为了得到方便、舒适、快乐的生活。你若花钱买到不放心、不服气、不快乐，购物过程的小小乐趣就全变味了。

如何美美地花钱呢？

要点1：享自己该享的福

聪明女人深知“本分”二字，享该享的福，套用一句古话——“命里有时终须有，命里无时莫强求”。

哪些是“该享”的呢？你能很方便地享用、且没有不良后果的，就是你该享的。勉强享用不该享用的，痛苦就会随之而来。

有一个女孩，奉命担任一家富人俱乐部的公关工作。这个俱乐部是富商巨贾云集的场所，消费水平极高。为了工作方便，老板给了女孩一张贵宾卡，并且言明，所有消费由公司埋单。但半年后，老板发现她没有任何消费，十分诧异，并坦率告诉她，公关费用早在公司预算之内，只管用，不要怕。但女孩还是一次都没有使用过。

有人也许觉得，该享受的不享受，真傻！但这个女孩的想法是：以她的薪水，根本无力承担如此高消费，一旦自己养成了奢华的习惯，当她失去时会更痛苦，那又何必尝试呢？

古人说：“由俭入奢易，由奢入俭难。”你习惯了奢华，一旦失去，几年甚至十几年都调整不过来。如果你的正常收入不能承担奢华，将来终有一天会失去，那是你不该享的福，勉强享用了，会用加倍的痛苦偿付利息。

要点2：不要做一个炫富的蠢人

近年来，中国刮起一股炫富风，其势头之猛，令全球奢侈品巨头们瞠目结舌。当“中国式奢侈”成为一种时尚，让无数奢侈品牌高兴不已，“到中国去！”这是现在全球奢侈品品牌的流行口号。各种豪车展、珠宝展、奢侈品展、尊贵物品展纷纷登陆中国。

至于花200万元置办婚礼、吃36万元一桌的满汉全席、吃18万元的“黄金宴”……种种炫富新闻，不时见诸报端。商务部预计，到2014年，中国将成为全球最大的奢侈品市场，占全球总量的32%左右。中国的经济发展水平远远不是第一，奢侈品消费却位居第一，这个现象正常吗？

中国的炫耀性消费是标志性的，只是为了标识地位和身份：只有这样消费的一群人才能这样消费，只有这样消费的人才属于这一群人。简单说，他们就是要用常人支付不起的价格显示自己的特殊身份。针对他们这种心理，某些奢侈品供应商的营销策略是：不求最好，但求最贵！

为什么中国的奢侈品消费风起云涌？可能源于新富们心中的“贵族情结”。中国早就废除了贵族制度，但贵族情结并没有从人们的心中死去。然而，贵族绝不是用钱堆起来的，他们所谓的“贵族品质”，不过是一种暴发户心理。

作为女人，如果你聪明的话，应该知道，用钱买来的所谓“身份”，通常是靠不住的。好比没有读过名校的人，花钱买文凭，那必然是假文凭。名校不是用金钱标识的，它代表的是丰富学养和一种独特的精神气质。同样，“女贵族”的身份，那是你能用钱买到的吗？

要点3：克服攀比心理

有一个笑话：一个沮丧的中年男子向朋友抱怨：“真不该带全家去老板家拜访，在回来的路上，老婆嚷着要买和老板老婆一样的大衣，孩子嚷着要买和老板孩子一样的玩具，而回到家，小狗也汪汪叫，似乎要吃和老板的狗一个牌子的狗粮，但是最糟糕的还不是这些，因为我正在考虑是否自己应该拥有一个像老板那样泛着古铜色的金属烟盒。”

“别人有的我也要有”，这种攀比心理很常见，但并不理性。商场里的东西琳琅满目，哪一样好东西都有人购买，看见别人有了自己也要有，难道你想把商场搬到自己家里来吗？攀比的结果，必然带来无法排解的缺憾。

要点4："价比三家""讨价还价"都不丢脸

比尔·盖茨曾是世界上最富有的人，但他的购物风格非常平民化。有一次，他跟妻子美琳达来到一家墨西哥人开设的食品店——这里被公认是西雅图最实惠的商店，刚进店门，比尔·盖茨就被"50%优惠"的广告词吸引，在不远处的葡萄干麦片的大盒包装上写着这样几个字。比尔·盖茨似乎难以置信，上前仔细端详。当他确认货真价实时，才付钱买了下来，并告诉美琳达："看来这里的确如同人们所说的那样，我今天很高兴自己没有被多掏腰包。"

也许有人会认为比尔·盖茨吝啬，但他的生活信条是："一个人只要用好了他的每一分钱，他才能做到事业有成、生活幸福。"

"物有所值"，是购物的基本原则。现在的商家诚信度并不高，"货比三家"、"讨价还价"很有必要。

要点5：简化生活，非用不买

许多女性对打折商品很感兴趣，看见价钱实在便宜，就忍不住买下来，有的东西买回来从未用过，有的东西用一两回就丢在一边。这不仅是浪费自己的金钱，也是浪费资源，并不是一个好习惯。

比较明智的购物方式是：追求简洁的生活，能不买的尽量不买，只买使用价值高的东西，不要用廉价品塞满自己的屋子。

要点6：别中超市的诡计

许多超市的经营，就像在出卖诚信、贬低顾客的智商，一些弄虚作假的事做得那么明目张胆。你若"中了招"，心情肯定不爽，所以，要小心预访。超市常见的诡计有如下几种：

（1）假赠真要。商场的抽奖活动，似乎是给顾客的返利，其实不一定。有一位女士，抽奖抽中一幅画，标价1000元，只收150元裱画费。女士觉得很合算，欣然掏钱。没想到，走到另一家商场的文具柜，那儿也有一幅同样的画，一模一样，标价只有50元。

（2）包装惑人。有些"高档礼品"，包装极为精美、一身贵气，里面的货色跟包装可不是"门当户对"，所以，买高档礼品，最好先看看内容，免得被外表迷惑。

(3) 捆绑销售。有些超市将过期产品跟其他产品捆绑在一起卖，你买回来，等于买了一堆废物。

(4) 特价炫人。超市里常看见某些特价的广告，让人心动。可是，你真想买这些特价品时，才发现“卖完了”，或者只能限量购买。其实那只是吸引顾客上门的广告，不必当真。

一般来说，当你发现某家超市经营不诚实，最好不要上门。宁可多走几步路，甚至多花一点钱，也别迁就不诚实行为。大家都不在意欺诈，才有如此多欺诈行为。假设大家都选择诚实，欺诈行为就会少多了。

如何提高你的“财商”

俗话说得好：“吃不穷，穿不穷，算计不到一世穷。”算计，就是理财，花钱量入为出，赚钱以本求利，这就需要“财商”。

那么，如何培养“财商”呢？

1. 培养积极的理财观念

女人嫁一个有钱的老公，是否就高枕无忧了呢？有一份高薪工作，是否就财务自由了呢？不一定。世界的变化太大了，财富的转移就像天上的雨水一样，并非总是落在谁的“一亩三分地”。

有一句话说得好：你不理财，财不理你。无论你此时的经济状况如何，还是要保持积极的理财观念，成为积极理财人，这是人生幸福的重要保障。理由如下：

(1) 金钱对女性的意义更大。女人的退休收入比男人低，平均寿命却比男人长7年左右，你一定不希望这几年完全依赖儿女或政府生活。

(2) 女性的升职潜力比男人小，比较明显的事实是政府和公司的高层领导绝大多数是男人，但你的理财天赋可以弥补职业潜力的不足。

(3) 女人的薪水往往比同一层次的男性低，如果不靠个人理财，仅靠工作收入，不易达成跟男人同等的经济地位。

（4）善于理财可以增强自信和自我价值感。

（5）善于理财可以为自己赢得更大的自由，你必须做的事将越来越少。比如，必须早上7点起床上班，必须保住现有工作，等等，这些“必须”往往会降低女性的幸福感。

2. 高“财商”的几个标志

总结世界富豪们的经验，高“财商”表现在以下几个方面：

（1）对金钱有浓厚的兴趣。兴趣产生动力，一个会赚钱的人，往往有一个特点：对金钱执著追求，并乐在其中。

（2）待人和气。“和气生财”是一句古老而百试不爽的财富经。待人和气，才能增进个人的信誉度，改善个人的人际关系，人缘好了，机会自然滚滚而来。

（3）理财，一方面要胆大，另一方面要心细，这就是所谓的胆大心细。把握事物轻重缓急，且具有敏锐的分析与处理能力，必能赚大钱。和金钱有关的事，随时随地都有危险性存在。因此，如果你时时刻刻都在战战兢兢地做事，那就不可能成功。

（4）取之有道。“君子爱财，取之有道”。的确，每个人都希望有钱，这并没有错，但要获得钱财，必须有原则；不能违背人情义理和政策法规去牟取利益，否则会留下严重的后遗症。

（5）当断则断。在瞬息万变的财富世界里，把握时机，当机立断，比拖拖拉拉、犹豫不决更容易抓住机会。

（6）培养对金钱的嗅觉。想要赚钱，就需要一定程度的直觉判断，也就是金钱的嗅觉。而这种嗅觉常常跟你的知识和技巧无关，一般需要比较丰富的实践经验，在实践中培养。

（7）培养对数字的敏感性。熟悉数据，加强数字观念，是赚钱的根本。假如你有意于理财之道，那么平常就要对数字感兴趣，学会分析数字背后隐藏的一些东西。例如，“股神”巴菲特每天都要花好几个小时阅读上市公司年报，在别人眼里死的数字，在他眼里却是活的东西，能透露出许多常人不理解的信息。

3. 提高“财商”的一些方法

女性投资，最重要的是对自己的投资。培训、进修、考证、考学位等，只是小投资，回报率最高的投资也许是培养财商。当然，过程也是漫长的，而且还需要你付出时间、精力、金钱等多种投资。以下是理财专家们总结的一些行之有效的提高财商的方法：

（1）跟明师学习。所谓明师，不一定是名师。有的人号称理财专家，但只有理论，没有实践，这不是明师。你应该拜那些既有理论又有实践并有长期成功记录的人为师，他们才是真正的高手。

（2）多与证券、房地产等方面的经纪人、分析师交谈，但不要轻信。你要记住一个原则：从他们那儿得到的只是未加工的信息，而非已成形的机会。谨慎对待这种信息，你信错一个，就可能损失惨重。

（3）跟其他投资人交流经验。分享他人的成功经验和失败教训，是比较好的学习方法。

（4）自学理论知识。真正的理财高手，往往拥有比较丰富的理论知识。假设巴菲特没有从顶级大师本杰明·格雷厄姆那儿学到最前沿的投资理论，不太可能成为“股神”。

（5）收看电视台的财经新闻节目，阅读财经报刊、杂志。女人不宜总沉迷在文艺作品的虚构世界里，看书报不要专看文艺作品，看电视也不要专看文艺台。看一些财经内容，可以了解最新的理财资讯。

（6）订阅本地的商业报刊。本地的资讯对你意义更大，所以最好订阅，经常阅读。

（7）利用网络查询有关资讯，尤其关注那些财经论坛和投资网站。

（8）听讲座。在大城市的图书馆、大学或其他机构，经常举办各种讲座，有些免费，有些收费，不妨听听，也许能获得一些最新的理财观念。

（9）参加跟理财有关俱乐部。跟爱好相同的人在一起，你不仅可以交流经验、获得信息，还可以交到朋友，一举两得。如果条件许可，你还可以组织类似理财经验交流会之类的沙龙，把别人召到你身边来，比你走出去更方便。

（10）多走，多看，多问。“读万卷书，行万里路”，是古人的学习经验，至今有效。一人关在家里读书、思考，远远不够，多到外面走一走，看一看，遇事多向人请教，将增进你对世事、人情的理解，财商也在不知不觉间提高了。

做聪明理财人，不做“最大笨蛋”

从古到今，无论哪个行业，“发大财”的总是少数人。当人人都以为可以发大财的时候，恰好是“肥皂泡”吹得最大时候，爆裂只是迟早的问题。许多人在2008年的“股灾”中赔光了家财、赔掉了养老金。巴菲特说得好：“股市与上帝一样会帮助那些帮助自己的人，股市与上帝不同的是，它不会原谅那些不知道自己在做什么的人。”

不止股市如此，任何投资领域，上帝眷顾的总是那些知道自己在做什么的人。所以，你想成为一个财富女人，首先要克服女性惯有的感性，保持足够的理性。

1. 不要借钱进行风险投资

幸福女人都是从容、恬淡、优雅的女人，不是那些在“赌场”搏杀的女人，理财是大事，但千万不要豪赌。假设你手头宽裕，拿出一小部分钱投资风险项目，可算“小赌怡情”，输了也无伤大雅，但千万不要借钱去进行风险投资。赢了对你的心态、你的生活和家庭未必有明显而持久的好处，一旦输了，后果相当严重。

电视剧《坐庄》中，有个女孩利用职务之便，挪用公司里的钱去炒股，本来十拿九稳的股票忽然成了垃圾股，挪用的公款20万元全部套牢，她自知不妙，索性自暴自弃，带着仅有的几万元钱，疯狂消费，将钱花光后就去公安局投案自首。

这个女孩挪用公款，明显犯法，一般女人还不敢干。那么，借亲友的钱去风险投资，难道结果就很好吗？一旦输了，里外都难做人，家人怨，亲友恨，名声扫地，许多年都挽不回来。男人输了，只要后来赚回来，立即就能光鲜做人；女人赢回来了，也未必能挽回荣誉。

事实上，那些对自己、对家庭、对社会负责任的投资家，通常都很忌讳借钱进行风险投资。即使巴菲特这样的投资奇才，也不敢相信自己每投必中，所以极为忌讳借钱。他的原则是：从不负债经营。有一次，巴菲特在跟客户们谈论他讨厌负债时说："站在你们眼前的这个家伙，曾经负债7万美元购买了位于拉古纳滩的一栋房屋，我买这栋房子是因为贷款利率低……这是我很多年来所欠的全部债务。"他投身股海数十年，只欠过几万美元的房贷，可见借钱确实是他的一大禁区。

你用自己的钱投资，赔了仅仅是赔了钱，如果借银行或亲友的钱，赔了的不仅仅是钱，还有信用、名声，甚至于你的住房、车都保不住，生活将变得一团糟。这风险，对你来说，不是太大了吗？

2. "最大笨蛋原理"

凯恩斯曾得出一条结论：短线投资的奥秘是不做"最大的笨蛋"。凯恩斯是20世纪前期最伟大的经济学家之一，他当大学教授时，主要靠薪水和讲课费养家，他什么课都讲：经济学原理、货币理论、公司金融、证券投资……人们形容他是"一架按小时出售经济学的机器"。为了验证自己的理论，他花几千英镑做外汇投机，4个月纯赚1万多英镑，相当于他10年的讲课收入。但3个月后，他又连本带利亏了个精光。7个月后，他又靠棉花期货交易赚了一大笔。此后十余年，他在股市上赚得了巨额财富，并总结出了诠释投机规律的"最大笨蛋原理"，其要点是：你之所以完全不管某个东西的真实价值，即使它一文不值，你也愿意花高价买下，是因为你预期有一个更大的笨蛋，会花更高的价格，从你那儿把它买走。投机的关键在于判断有没有比自己更大的笨蛋，只要自己不是最大的笨蛋，即可赢利。如果再也找不到愿出更高价格的笨蛋把它从你那儿买走，那你就是最大的笨蛋。

"最大笨蛋原理"可以应用到不同的投机领域，当人们以不合理的高价疯抢某股票、疯买某种商品、疯争某个机会时，最后一定会出现最大的笨蛋，也许不是一个，而是一批。

如何让自己不成为最大的笨蛋呢？最好的办法是：永远不用不合理的高价买任何东西。

3. “羊群效应”

“最大的笨蛋”通常是“羊群效应”带来的。羊群是一种很散乱的组织，平时在一起时，盲目地左冲右撞，一旦有一只头羊动起来，其他的羊会不假思索地一哄而上，全然不顾附近狼群的威胁，也看不见不远处更好的嫩草。经济学上就把这种盲目的从众现象称为“羊群效应”。

有一个幽默故事：一位石油大亨到天堂去参加会议，一进会议室发现已经座无虚席，没有地方落座，于是他灵机一动，喊了一声：“地狱里发现石油了！”这一喊不要紧，天堂里的石油大亨们纷纷向地狱跑去，很快，天堂里只剩下那位“谎报军情”的大亨了。但是，很快他也开始不安起来，他想：大家都去而不返，莫非地狱里真的发现石油了？于是，他也急匆匆地向地狱跑去。这就是“羊群效应”的作用。

许多奸诈的投机者就是利用“羊群效应”，操纵股市，操纵楼市，操纵各种市场。他们张开血盆大口，专等“笨蛋”们自投虎口。

如何避免“羊群效应”的干扰，巴菲特提出了一个“验方”：“当别人害怕时，你要变得贪婪；而当别人贪婪时，你要变得害怕。”简单说，跟“羊群”的选择背道而驰。因为机会一定只能极少数人享有，一定不在众人趋之若鹜的地方。

4. 跟巴菲特学不败秘诀

巴菲特没有一夜暴富的本领，但他有年年赢利的纪录。总结巴菲特的投资经验，其要点有如下几条：

（1）不要追求一夜暴富。巴菲特强调长线投资，而不是短线投机。他说：“如果你没有持有一种股票10年的准备，那么连10分钟都不要持有这种股票。”大多数人投资失败，是因为想一夜暴富，就像赌博一样，只做短线投机，结果一辈子都不曾致富。这就应了一句俗话：久赌无赢家。

巴菲特极痛恨“赌博”，有一年，他的姐姐多丽丝炒股赔了140万美元，想找他帮忙。他生气地说：“什么？你知道我最痛恨那种市场轮盘赌了！我再三警告过你，不要冒险，不要奢望一夜暴富，你就是不肯听我的。”看着嘤嘤哭泣的姐姐，他又叹了一口气，说道：“好吧，我来安排你的生活，每月会给你一笔固定津贴。”

“那么，我的债务呢？”

“我无论如何也不会替你偿还债务。我绝不会去帮一个投机者！”巴菲特对姐姐似乎很绝情。但他是为了让姐姐打消投机的念头，回到理性投资的道路上来。

假设你觉得投资理财是一件很有趣的事，何必一夜暴富呢？年年享受投资之乐不是更好吗？假设你讨厌投资理财，那就别做一夜暴富的梦了！

（2）不熟不做。巴菲特从来不参与陌生的金钱游戏。他对投资者有一句金玉良言：“投资必须理性，若你不熟悉它，便干脆不要参与。”多年来，巴菲特对炙手可热的网络股、科技股无动于衷，体现的就是“不熟不做”的思路。当然，他偶尔也会投资于一些不太熟的股票，但一开始往往是少量投入，等到熟悉它的业务后再大量购买。

（3）寻找值得投资的股票。有人形容巴菲特是一个“专拣便宜货”的老头子，其实这话只说对了一小半：因为廉价只是他投资要考虑的因素之一，这支股票是否值得投资，才是他考虑的重点问题。他致力于寻找具有内在价值而又被市场忽略的股票进行投资，然后长期持有。例如，巴菲特长期持有的投资组合中，9 种主要股票的市值占他的伯克希尔公司持股总市值的 80% 以上。发行这 9 种股票的每一家公司，都是家喻户晓的全球著名企业，其中可口可乐为全球最大的饮料公司；吉列公司占有全球 60% 便利刮胡刀市场；美国运通银行的运通卡与旅行支票则是跨国旅行的必备工具，麦当劳是全球第一大快餐业者……分析这几家的共同特点，在于每一家企业均具有强劲的市场利基，也就是拥有巴菲特所谓的“特许权”。这就是他“长期投资”甚至“永久投资”的核心原因。

（4）把自己看成企业分析家而不是股票分析师。沃伦·巴菲特认为，“好的企业比好的价格更重要”，人们在投资的时候，要把自己看成是企业分析家，而不应该是市场分析师，更不是股票分析师。这就是说，巴菲特在评估一项潜在交易或是买进股票的时候，他会首先以企业主的观点出发，衡量该公司经营体系所有质与量的层面、财务状况以及收购价格。通常是，一家运营状况良好的企业，它的股票也会有好的赢利前景。

对沃伦·巴菲特而言，股票是一种抽象的概念。他不以市场理论、总体经济概念或各产业领域的趋势等方式去思考问题，而是相反，他的投资行为只和该企业实际的经济状况有关。他坚信，如果人们的投资行为只是基于一些表面的观点，而完全不了解企业的基本情况，那么他们很容易在出现一点小状况的时候，就显得慌乱无主，并导致投资的失败。只有真正全面了解一个企业，才会做到有的放矢。

（5）重视管理阶层的品质。沃伦·巴菲特心目中的优秀管理人员是："永远以身为公司负责人的态度作为行事与思考的准则。"管理人员把自己看成是公司负责人，就不会忘了公司最主要的目标，即增加股东持股的价值。同时他们也会为了进一步达成这个目标，做出理性的决定。另外，沃伦·巴菲特对那些能看重自己的责任、完整而翔实地向股东公开所有营运状况，以及有勇气坚持自己的正确意见而不盲从同僚行为的管理人员，也极为器重。一旦他发现某家公司的管理层非常优秀，他就会大胆投资。

（6）把避险看得比赚钱更重要。巴菲特说："修筑一条壕沟，以拒盗匪于城堡之外。"他把风险形容为"盗匪"，可见他对待风险是多么谨慎，这跟某些冒险家的观点可谓背道而驰。

巴菲特远离华尔街那帮疯狂的人群，默默地投资运作。在他看来，赚钱的秘诀并不在于冒险而在于避险。他说："我们不必屠杀飞龙，只需躲避它们就可以做得很好。"

巴菲特总是尽量回避加重风险的事情。他从不针对某家公司下一季度收益做短线投机也从不参与敌意收购，从不轻率冒险或仓促行事。

（7）永远保持冷静。巴菲特说："头脑发热和高昂成本是投资大敌。"他认为，投资者最常犯的三大错误是：高成本，错误决策以及"跳船"太快。高成本的原因主要是投资者过度买进或支付投资管理者的费用太高；错误决策，是指投资者往往依据的是小道消息或追赶投资潮流，而非扎实可靠的调查研究——也就是说，做了随大流的"羊群"；"跳船太快"的意思是指投资者一旦看到所持股票增长停滞或下降便立即全部抛掉，弃"船"而逃。只有保持冷静的人，才能做出明智的决策。

财商＝学商＋智商＋情商

对投资理财来说，“学商”“智商”“情商”可谓“三位一体”，不可分割。女人如果深刻领会了这一点，就掌握了财富的秘密，也掌握了幸福的秘密。

1. 学商——迅速获取最新知识的能力

什么叫“学习能力”？一听就懂、一学就会，不等于学习能力；门门功课考100分，不等于学习能力。学以致用，才是真正的学习能力。打个比方，孔子是什么学历？他由寡母养大，读书条件并不好，十五六岁就辍学打工，按今天的情形，无论如何读不到大学毕业，可他却带出了3000“大学生”，72个“博士”，当过“司法部长”，可以跟各国的顶级人才交流，并受到国君的尊重，整理出后来被奉为经典的多种图书，这就是他的学习能力。很显然，他获取知识的途径不止于读书学习，运用知识的途径也不单一。

你想提高学商，需具备以下几种理念：

（1）知识≠智慧。在“知识经济”的口号不绝于耳的今天，客观事实却不断向世人昭示：知识不是万能的。知识≠智慧，更不等于经济。知识只有转化为智慧，才能成为创造财富的力量。知识指的是对事物的认识。智慧指的是对事物认识、辨析、判断处理和发明创造的能力。空有满腹经伦，却无处理事务和发明创造的能力，不是真才实学。

（2）博学≠实用。只有你用到的那一部分知识，以及将来极可能应用的那一部分知识才是有用的知识。比如，你的公司生产汽车，你的仓库里堆满了铁矿石，似乎相关，其实永远用不上，徒然消费仓储成本。许多人头脑中的许多知识一辈子都用不上，不过是浪费学习时间。所以，学习最好有目的性，你若立定了财富目标，应尽量积累与财富有关的知识。

（3）尽信书不如无书。当今社会，市场情况是瞬息万变的，书本永远跟不上市场变化。所以，你要注意书本知识中的“定量”与“变量”，不要盲目迷信书本知识。

（4）胆识比学问更重要。没有学问不要紧，有胆识你一样可以赢。拥有最多财富的人常常不是学问最高的人。

（5）不要局限于经验。经验相当重要，看一看自己和他人事业成功的经验，有助于获得更大成功。然而，经验也有很大的缺点。以前的经验证明某种方法行之有效，然而，由于客观条件发生变化，这一次却可能变成失败经验。在理财中，由于迷信经验而导致失败的人比比皆是。正确的做法应当是既要重视经验，也不能为经验所左右。

2. 智商——形成系统化的投资模式

大部分的知识和思想都很散乱，在办事时，难以形成一条行之有效的思路。所以，在办事时，在投资理财时，好像什么都懂，又什么都不会，什么都做不好。如果你将某方面的知识、思想观念系统化，形成一定的思路，你处理这方面的事情一定得心应手。

思想如水，流转不定；思路却可以一次次复制出相同或相似的行为，并带来相似的结果。许多财富英雄如李嘉诚、比尔·盖茨、巴菲特等，总是按一定思路从事投资活动，所以他们总是成功。

你只是学一些理财知识，有一些理财经验，还不一定具备了获得财富的智商，在形成可行思路之前，尚处于尝试阶段；一旦思路成形，就真正到了开心赚钱的时候。

3. 情商——经营人脉网络的能力

金钱是冷冰冰的，但获得金钱的过程却需充满人情味。有人做过一项网络调查，其中一道题为“你在创业中遇到的最大问题是什么”？结果，“人脉关系”一项仅次于“资金”，名列第二位。

难怪美国石油大王约翰·D. 洛克菲勒深有感触地说：“我愿意付出比天底下得到其他本领更大的代价去获得与人相处的本领。”

有一句话说得好：无人不成事、无网不成财。“贵人”应该是一批乐于帮助你的人，是一个人脉网络。能否结成一个这样的网络，很大程度上取决于你的情商。下面不妨看一个靠情商致富的例子。

上海视点公关公司总经理朱艳艳独立创业前，在一家大酒店任公关经理。工作的便利，加上她本身拥有的亲和力，使她结识了各种朋友，在媒体方面，她拥有一大帮记者、编辑朋友，娱乐、经济、体育记者一应俱全，操办宴会、展会时，她的人脉资源可以从主持人、明星一直延伸到餐厅服务员，任何方面的人才都能随叫随到。还有政府部门上上下下的工作人员，她也都混了个脸熟。创业后，她的第一笔业务就是朋友介绍的。后来一发不可收拾，许多著名公司如三菱电机、通用磨坊等都成了她的客户，而且最令她骄傲的是，这些客户的忠诚度极高，没有离弃她的。她不仅事业蒸蒸日上，还成了 2001 年度首位获得国际金鹅毛笔奖的中国公关人。

无数事实一而再、再而三地证明，富翁们财富的多少与其关系网的大小几乎是成正比的。因此，要创富一定要懂得经营人脉关系网。

但是，建立人脉网并不是最难的事，关键要在关系往来中发挥你的情商。有的人过于势利，只想利用人，不想关心人、帮助人，你的“心冷”必然导致关系冰冷。

在经营和运用人际关系时，你至少要把握以下三个原则：

（1）合法地使用人际关系。让朋友以非法方式帮助你，是不义行为，害人的同时，也会害己。

法律是国家的根本，是社会行为的规范，人际关系及相关行为当然也受法律的约束。如果滥用人际关系，违法地达成目标，当事人便难逃法律的惩处。

（2）合理地请求支持和帮助。理性与良知是良性交往的基础。合理要求意味着不违反公共原则，也不给别人造成困难，使对方能够在可能的范围内考虑你的意见。同时，还要注意感恩图报、互利互惠。

（3）以自身实力为后盾。事实上，如果你的实力相差太远，很难赢得别人的信赖。但实力不是专指经济实力，出众的才能，美好的品德，也是你的实力，是赢得人心的“信用卡”。

第8章 女人幸福靠自己

——用智慧赢得幸福的主导权

幸福的源泉：欣赏

幸福源于欣赏，欣赏美好的人，欣赏美好的事物，内心的每一个感动，都是幸福的涟漪。

法国雕塑大师罗丹说："生活中不是没有美，而是缺少发现美的眼睛。"摄影师于万绿丛中发现一点红，于是留下了一个精彩的瞬间；画家于苍桑的老人脸上，发现了岁月的巧思，于是留下了永恒的记忆……幸福总是伴随着欣赏的眼光，你若有一双"发现美的眼睛"，时时处处都能找到令你欣喜的"珍宝"。

反之，一双挑剌的眼睛是窒息幸福的杀手，看一棵树，看不见鲜花绿叶，却看到了毛毛虫；看风景区，看不见艺术和美，只看见拥挤的人流；看一个人，看不见他的良知良能，于是只剩下"一无是处"。幸福由心，而"眼睛是心灵的窗户"，透过这扇窗，你选择装点心情的素材，而别人也能看见你的心灵充满情调还是杂乱无章。所以，为了幸福，学会欣赏吧！

1. 珍惜每一个瞬间

两千多年前，佛祖释迦牟尼说出了幸福的真谛：不悲过去，非贪未来，心系当下，由此安详。

此后，不断有智者通过自己的领悟，或者受到佛祖的启发，得出相同的结论。屠格涅夫说：幸福不在明天，也不在昨天，它不怀念过去，也不向往未来；它只在现在。

17 世纪法国科学家兼思想家巴斯葛在《沉思者》一文中有一段话："我们向来不曾把握现在；不是沉湎于过去，就是殷盼着未来；不是拼命设法抓住已经如风的往事，就是觉得时光的脚步太慢，拼命设法使未来早点到临。我们实在太傻，竟然留连于并不属于我们的时光，而忽视唯一真正属于我们的此刻。”

威廉·奥斯乐是一位名医，他为那些懊悔过去、害怕未来的心理患者开了一个简单有效的方子——“每一个刹那都是唯一”。他还说：“无限珍惜此刻和今天，还有什么事情值得我们去担心呢？每天只要活到就寝的时间就够了，往往不知抗拒烦恼的人总是英年早逝。”

昨天已不属于你，明天尚未到来，你把昨天当成负债，把明天当成借贷，一齐压在今天，心灵如何能承受如此重负？而今天却匆匆易失，每一个瞬间都是唯一，“子在川上曰，逝者如斯夫”，时间如流水般逝去，永不复返，你正宜抓紧时间享受此刻的幸福，何必让它在烦恼中错过呢？

《圣经》中有一个小故事，讲的是以色列民族在出征埃及的途中，遭遇饥荒，蒙上帝眷顾，天降食物，许多人舍不得当日吃尽，收藏起来，谁知第二天全部霉坏了。

幸福是心灵的美好体验，如同上帝恩赐的食物，只宜及时享受，滋养灵魂，无法收藏。此时不享用，就浪费了。珍惜当下，享受此刻的幸福吧！

2. 每一个人原来都是如此可爱

有一个女子，因小儿麻痹留下后遗症，身材极矮小，手脚皆不灵便，相貌也不耐看，平时没有人愿意多看她一眼。她找不到工作，找不到老公，自成年后，便以拾荒为生。谁也不会留意她的存在，她就像一株长在树丛中的蒿草，就那样自生自灭。但是，有一天，她捡到了一个弃婴，是个女孩，于是欣喜地抱回去，尽心抚养。她用自己残缺的生命，滋养着另一个生命。小女孩渐渐长大了，叫她“妈妈”，母女俩相依为命，谁都不知道小女孩是捡来的，只是奇怪，一个身有残疾的女子，怎么生得出如此漂亮聪明的女孩儿？

10年后，女孩的父母却突然找上门，想带走女孩。这位可怜的女子无力相争，她的遭遇却引起了大家的同情。在电视上，她平静地讲述着她抚养女儿的经历，以及她对女儿的爱。许多人感动得热泪盈眶。他们发现，原来一个残缺的生命也有如此深沉美好的情感。

每一个人，都是上帝精雕细琢的艺术品，各有风味，各有妙趣，为的是让彼此欣赏。但是，人的美质，藏之内心，不在外表，你若有一双善于发现美的眼睛，每个人都是如此可爱！

但是，并非每一个人都善于发现，在欣赏的对面，还站着漠视、厌恶和诋毁。

有人曾专门对善于欣赏的人进行测试，结果发现：他们体内各系统的功能处于平衡和协调状态，呼吸、心跳、血压等指标均很稳定。这表明欣赏确实是一种对健康有益的活动。处于欣赏之中的人们，不但可以消除疲劳，使体力和脑力得到恢复，而且在不知不觉之中让心灵也得到了净化。

所以，你想做一个内心温暖的幸福女人，首先要敞开心扉，去欣赏他人的美。

3. 社会没有你想象的那么糟糕

翻开报纸，打开电视，登上网络，社会上种种丑恶的现象扑面而来……某人遭到抢劫，某家遭到偷盗，某家爆发火灾，某地发生地震……还有腐败问题、环境问题、能源问题、就业难问题，等等。给人的感觉是，这个社会遭透了。

但是，这个社会远远没有你想象的那么糟糕。相反，它正在变得越来越好。

与其挑剔珠宝上的疵点，不如欣赏珠宝的晶莹；与其为社会的丑恶现象难过，不如欣赏社会美好的事物。

4. 满怀欣喜地欣赏自己

你和别人一样，也是上帝用岁月精心雕琢的艺术品，时间的流逝，让你变成如此容貌、如此状态，一切都是那么合理而自然，跟各地的名胜风景形成的规律没有两样，也许你美好的心灵被“养在深闺人未识”，但你可以欣赏你自己，也可以真心喜欢你自己。

不要用别人的眼光扭曲你自己，因为别人的眼光只是“哈哈镜”而非明镜；不要用流行的观念烦恼你自己，因为流行的观念只是一阵原野上刮过的风。活出自己，你才会活出幸福，否则，你会为那些不必要的苦恼而苦恼。

有一位女子，担任部门经理，收入较高，凭自己的钱在五环外买了一套房，可以随心所欲地打车上下班。但她常烦恼自己“太穷”，因为她的房子不在市区，而她的几位同学比她升职更快、收入更高。

在许多人眼里，这位女子已经很了不起、很成功了，她却不懂得欣赏自己，将命运给她的幸福主动放弃了。

无论你是什么人，只要你依着自己的心意，做事尽力了，不管结果如何，那都合乎自然，如花落水流，是很美的事情，你都可以对自己满意，并真心地欣赏自己。

幸福的真谛：满足

幸福生于满足，痛苦生于贪婪。古今中外的智者们，都发现了此一真谛。

苏格拉底说：知足是天然的财富，奢侈是人为的贫穷。

亚里士多德说：幸福属于满足的人们。幸福在于自主自足之中。

老子说：知足者富。

吕邦献说：知足者贫贱亦乐，不知足者富贵亦忧。

魏禧说：能知足者天不能贫，能无求者天不能贱。

……

不过，只有那些体悟了自然之道的圣者才能时时满足，一般人总是在满足与不满足之中循环，心灵随着时间的车轮，有时翻到上面，有时跌到地上。但有一点可以肯定，当你满足的时候，正是你感到幸福的时候；当你不满足的时候，正是你感到烦恼的时候。

如何让幸福越来越多、烦恼越来越少呢？

1．问问自己：我该得吗？

安徒生童话中，有一个《渔夫和金鱼》的故事：从前，一个老头儿和他的老太婆住在大海边一座破旧的小木屋里，老头儿天天撒网打鱼，老太婆天天纺纱织线。

一天，老头儿打到一条金鱼，不要任何报酬，将它放回了大海。老太婆知道后，破口大骂，逼着老头儿去向金鱼要一只新木盆。金鱼满足了老太婆的要求。但老太婆又破口大骂，让老头儿再去要一座木房子。金鱼给了他一座木房子。

老太婆高兴了一阵子，又不满足了，她不愿再做平凡的农妇，想做世袭的贵妇人。可是，当了贵妇人后，她又想当女皇。最后，她竟想当海上的女霸王，要求金鱼亲自侍奉她，以满足她的一切所需。金鱼生气了，收回了以前送给她的一切，于是，老太婆仍旧住在那座破旧的小木屋，面前还是那只破木盆。

这个老太婆也许从未问过自己：我该得吗？

在她的余年里，她不会为过去的辉煌经历而感到幸福，只会为全然的失去追悔莫及。也许偶尔会有一丝“曾经阔过”的虚荣，却正好映现了眼前的败落。

你也许会笑这个老太婆愚蠢，但是，这个老太婆也许正好是你自己。比如，当你有所收获时，你有没有问过自己：我该得吗？

事实上，所有没有付出过艰苦努力的东西都是不该得的，即使是父母遗留给你的巨额财产，也属“不该得”，除非你曾付出艰苦努力修炼自己，具备了出众的才干和品德。

只要你坚持收获该得的，拒绝不该得的，你的幸福就有保障了！

2. 贪多无益

在撒哈拉大沙漠中，有一种土灰色的沙鼠。每当旱季到来之时，这种沙鼠都要屯积大量的草根，以备度荒。因此，在整个旱季到来之前，沙鼠都会忙得不可开交，在自家的洞口前进进出出，满嘴都是草根。从早起一直到夜晚，辛苦的程度让人惊叹。

而实际情况是，一只沙鼠在旱季只能吃掉两公斤草根，而它非要运回10公斤才能安心。大部分草根最后腐烂了，沙鼠还要将腐烂的草根一一清理出洞。

贪多却不能享用也不能保存的东西，都是浪费，只会降低生活质量和幸福指数。这种浪费的情形不只发生在沙鼠身上，我们人类，哪天不活在浪费中？有时，被浪费的东西，是你从别人那儿得到的，例如，进餐馆点满桌子菜，买许多用不了的时尚衣服或其他用品，要求男友天天陪你或者“煲”一小时“电话粥”……

多不一定最好，简约的生活是最轻松的生活，往往也是最幸福的生活。

3. 追求真正对心灵有益的东西

许多人有一个误解，以为“知足”就是以极少的收获为满足，以为名利权势这些东西，撒手人寰之时，全都丢掉了，根本不需要那么多。但是，错了！“知足”是心灵的满足，跟名利权势的多少没有关系——对过程感兴趣，对结果很满意，这就是知足。有时候，“知足”呈现出来的表象好像是不知足，甚至是贪婪，但两者其实有很大的不同。试举一例：

一直以来，杨澜都是一个优雅的女人，也是成功与幸福齐备的女人。在近20年的电视生涯中，她从未停止追求。当她做了主持人，就请求导演让自己写台词；写了台词，又要求导演让自己做一次编辑；做了编辑，又向主任申请做一次制片人；做了制片人，她又希望同时负责几个节目；负责了几个节目，她又想办个频道……她永不停留，一步步走来，不断提升自己。

今天的她，把自己定位于一个懂得市场规律的文化人，一个懂得和世界交流的文化人。在做好主持工作的同时，积极从事更多社会公益活动，让自己的心灵平静而幸福。

“永不知足”和“知足”并不矛盾，衡量的标准是心灵体验，知不知足，只有自己清楚，外人无法判断。例如，你“生命不息，奋斗不止”，在事业上一次次取得重大收获，如果你满意于自己的收获，享受了过程之乐，说明你是一个知足的人。反之，你不思进取，得过且过，终生一事无成，却一味抱怨社会、埋怨他人、怨怪自己，说明你是一个不知满足的人。因为你得到的跟你付出的努力相当，你不满意，却贪求不该得的东西。

所以说，知足的真意是永远追求对心灵真正有益、让你真正感到幸福的东西，而舍弃种种不合理的情绪。

4. 由关爱自己变为关爱他人

关爱自己，你会发现永远“爱不够”，于是只能永远活在不满足中；一旦“爱够了”，你会失望地发现：幸福并未如期到来，得到的只是幻灭。

你若想得到幸福，只能将关怀从自己身上移开，关爱别人。佛祖普度众生，不仅是为了关爱别人，也是为了自己的人生幸福；孔子推行仁道，不仅是为了造福大众，也是为了自己的心灵幸福。所有真正获得了幸福的人，都懂得如何把关爱合理地投向别人。

艾迪是一位成功商人，为了扩展商业版图，把生意做到太平洋的西边去，就乘船去实地考查。不料，途中轮船失事，他和船客们被困在太平洋中，毫无希望地在大海中漂流了21天，最后才获救。

经历这一事件后，艾迪好像变了一个人，他缩小了自己的贸易公司，开办起了一家养老院，每天和老人在太阳底下喝咖啡、聊天、唱歌、下棋，笑声不断。有人问他为何如此慷慨，他回答说：“我从那次海上遇难的事件中，学到了最重要一课，那就是：如果你有足够的新鲜水可以喝，有足够的食物可以吃，就绝不要再奢求任何事情。”

但是，艾迪的幸福并非因为他的不“奢求”，他只是不再为自己而求，却把关爱送给了那些需要关爱的人。所以说，过多关爱自己，等于虐待自己；倾情关爱他人，可得真正幸福。

幸福的基础：健康

不久前，发生了一件让无数网迷和读者心疼的事：年仅34岁的才女原晓娟猝然去世。在她短暂的生命里，曾参与创办《婚礼》杂志；参与创办《信息与家庭美食》，任主编；参与创办时尚集团第15本杂志《美食与美酒》，任编辑部主任。她以“鼠尾草”为笔名，在新浪及搜狐网上创立博客“花花世界”，受到广泛欢迎。2006 年 11 月，“花花世界”参加德国之声全球博客大赛评选，获得“国际最佳博客”和“中文最佳博客”奖……总之，她很优秀，但她为优秀所付出的艰辛也可想而知。一直到被确诊为胃癌晚期，她才有机会歇下来，可是很快就如鲜花般凋谢。

身体是你最大的资本，保健是最重要的保值项目。没有任何东西值得你用身体健康去换取。

如何成为一个爱得起、乐得起、拿得起的幸福女人呢？你首先要放得下。

1. 睡眠账单不宜拖欠

“健康来自睡眠”是近年来对睡眠研究提出的新观点。“一夜不睡，十夜不醒”，是古人对睡眠的深刻认识——熬一次夜，打乱了生物钟，可能 10 天都不能恢复正常。睡眠在人的一生中大约占三分之一的时间，但是近半个世纪以来，尤其在发达国家，出现了“24 小时社会”，在夜里睡觉的常规早已被打破，各种嗜好纷纷挤占睡眠时间。但是，这种生活明智吗？斯坦福大学睡眠研究中心的负责人威廉·德蒙特博士认为：大量削减睡眠时间是现代人所犯的一个严重错误。21 世纪，人们正生活在一个病态睡眠的社会中。现代人每天的睡眠时间比 20 世纪的人减少了一个半小时，长期睡眠缺乏使人的身体严重透支，并带来各种不良后果。日常生活中，由于缺乏睡眠而引起的事故更是数不胜数。比如，中国每年发生的数十万起交通事故中，有相当大的比例都是由于司机疲劳过度引起的。因此，对于人类自身的生理机制要求每天必要的睡眠时间，时间管理专家发明了一个专有名词：睡眠账单。正如欠钱要还一样，缺少睡眠也必须归还。如果一个人一天晚上少睡了一个钟头，那他就带着一个钟头的睡眠账单进入第二天，他的工作精力就会削减。

现在，我们遵循一周五天工作制。如果一个人一天只睡 6 个小时，那他每天就有一到两个小时的“睡眠欠账”，一个星期就是 10 个小时。由于“睡眠欠账”有着越来越强烈的累积效应，就像贷款的利息累加一样，在第五天，这个人就会感到迷迷糊糊，整天都想睡觉。到星期六，他往往不得不一直睡到下午，才感到恢复了正常的生理平衡，但对身体的损伤却无法弥补。

现实生活中，因一味地卖命工作、健康受到损害的人不计其数，也使他们本来可以更长的生命时间被无情地缩短了。对人生幸福来说，如此工作显然毫无意义。

如果把人生比作一次旅行，那么，睡眠则是旅途中必不可少的驿站。睡眠虽占用了时间，却赢得了精力，因此，不管你的工作是如何忙碌，都不要向睡眠透支时间。

2. 预防亚健康

人体处于亚健康状态下可造成许多不良影响，如生活质量下降；心悸、失眠、精神不振、食欲不佳、难以适应正常的工作；情绪烦躁、心理压抑、人际关系恶化、疲劳困乏、颈肩腰酸痛；对一切事物失去兴趣；免疫力越来越低，各种疾病容易乘虚而入。

专家指出，现代人的精神压力太大，会使情绪日益恶化。长期的不良情绪会导致心理失衡，内分泌紊乱，是造成亚健康的主要根源。《生命时报》近期进行了一项调查，参与调查者集中在20～40岁，以企业普通白领、管理人士为主，结果显示，92.3%的人曾出现过胃不舒服的现象，其中，34.17%的人经常胃疼，结论是：工作压力是“胃的克星”。以此看来，预防“亚健康”的状态，关键在于减压，此外，还可从以下几方面努力：

（1）了解自身的生理周期。每个人的心理状态和精力充沛程度在一天中不断变化，有高峰也有低谷。大多数人在午后达到精力的高峰，但也不乏个体差异。你不妨连续记录自己一天的心理状态、觉醒程度、反应速度和进行的活动，找出自己的精力变化曲线，然后合理安排每日的活动。

（2）合理饮食。理想的食谱首先要保证营养均衡，像糖、蛋白质、脂类、矿物质、维生素等必须的营养物质在每天的膳食中一样也不能少。都市中有两种不良营养倾向，一是营养和热量过剩，另一种倾向是节食导致某些营养素和热量的不足。这两种倾向都足以引起亚健康。每一个健康的成年人每天需要1500卡路里的能量，工作量大者则需要2000卡路里的热量，不断补充营养是保持精力充沛的前提。此外还应注意：脂肪类食物不可多食亦不可不食，因为某些脂类是大脑运转所必需的。缺乏脂类将影响思维，但是若食用过多，短期内会产生昏昏欲睡的感觉，长期则在体内堆积，形成脂肪。

（3）补钙可安神。工作中与同事、客户难免会出现一些矛盾，为了避免发怒、争吵，可以有意识地多吃牛奶、酸奶、奶酪等乳制品以及鱼干、骨头汤等，这些食品中含有丰富的钙质。国外研究资料表明，钙具有镇静、防止攻击性和破坏性行为发生的作用。

（4）补充维生素。从事文字工作或经常操作电脑者容易眼肌疲劳、视力下降，维生素A对于预防视力减弱有一定效果，所以要多吃鱼肉、猪肝、韭菜、鳗鱼等富含维生素A的食物；经常待在办公室里的人日晒机会少，容易缺乏维生素D，需多吃海鱼、鸡肝等富含维生素D的食物；当人承受巨大的心理压力时，所消耗的维生素C将显著增加，而维生素C是人体不可或缺的营养物质，应尽可能多吃新鲜蔬菜、水果等富含维生素C的食物。

（5）碱性食物抗疲劳。大量的体力劳动后，人体内新陈代谢的产物乳酸、丙酮蓄积过多，造成人体体液偏酸性，让人有疲劳感。为了维持体液的酸碱平衡，可多食用以水果为主的碱性食物，如西瓜、桃、李子、杏、荔枝、哈密瓜、樱桃、草莓等。

（6）应酬后的饮食调理。现代人少不了应酬，饭店的食品虽然美味诱人，但往往脂肪和碳水化合物过高，而维生素和矿物质含量不足。常在外就餐者平时应多食用蔬菜、水果、豆制品、海带、紫菜等食品。

（7）晒太阳提神。日光照射可以改变大脑中某些信号物质的含量，使人情绪高涨，愿意从事富有挑战的活动。在上午光照半小时对经常委靡、有抑郁倾向者效果尤为明显。

（8）静坐放松。每天抽出一段时间静坐，完全放松全身的肌肉，去掉脑中的一切杂念，将意念集中于丹田穴，可以调整全身的脏器活动。

（9）亲近大自然。远离喧嚣的都市，到大自然中去放松心情。森林的气体中负离子浓度较高，不仅能调节神经系统，而且可以促进胃肠消化、加深肺部的呼吸，在体力、脑力、心理等各方面起到良好的调节作用。办公室内长时间坐着工作的人应该每隔 1 小时活动一下，可以做简单的保健操，也可以随便活动活动筋骨。虽然用时不多，却可有效防止由“静坐”生活方式导致的慢性疾病。

（10）有氧运动。长期坚持有氧运动对于维持人体健康是相当有益的。加拿大多伦多大学健康教育家莱斯通过对 800 人的长期观察和 300 多个有关实验发现，当人们感到大脑疲劳时，到室外跑步，可以使大脑的功能恢复到 58%，而不做运动改吃药的话，大脑的功能只能恢复到 40% ~50%。有人便总结出来，慢跑是最佳有氧运动，对醒脑有奇效。

幸福的救赎：心态

女人们都知道幸福的价值，但生活中却不时地出现的烦心事，心里也常常萌生不幸的念头。“人生不如意事常八九”，这是古人的说法，现代人呢，称心如意的事也不一定比古人多，难道提高幸福指数是没有办法的事？不然！

幸福是一种抽象的感受，它与年龄、性别、背景、境遇等都无必然关系，主要取决于你的视点。你的生活中的每一件事都包含了许多信息，这些信息包围着你，你看见了什么，接收了什么信息，并在心里形成了什么映像，幸与不幸的感受都由此决定。心理学家指出：“人之所以不安，不是因为发生的事情，而是因为他们对发生的事情产生的想法。”

以此看来，提升幸福指数的最有效方法是调整视点，尽量接收生活中的积极信息。

1. 简单的快乐——打开另一扇窗

一个女孩趴在自己卧室的窗台上，她看见的是邻居正在埋葬一条小狗。这条小狗好可爱，小女孩平时常和它嬉戏，看到小狗悲惨地死去，小女孩不禁泪流满面。

外祖父见状，便把小女孩带到另一个房间，打开了另一个窗口，从这个窗口望出去，那是一片阳光灿烂、花香鸟语的玫瑰园。小女孩的愁云为之一扫，心境顿时开朗起来。

老人慈爱地对外孙女说："孩子，你开错了窗。"

生活中会发生许多事情，有的让你开心，有的让你不开心。你没有必要把一切尽收眼底，事实上也办不到。你不如把视线从不快的事情上移开，多看一些让你开心的东西。

如何打开另一扇窗？

请看一个故事：烈日当头，沙漠中走着两位疲惫不堪的旅人，他们拿出身边唯一的水壶，摇了摇，有一位沮丧地抱怨道："哎呀，太糟糕了，我们只剩下半壶水了，怎么办？"而另一位旅人则高兴地说："太棒了，我们居然还有半壶水！"

同一件事，换个角度，就会有不同的心情。既然你不喜欢坏心情，何不往好的一面想，选择好心情？

2. 接受生活的真相

很多时候，人们都喜欢假设，"假设我像××一样漂亮，那该多好啊""假设我当时坚持一下，该多好啊""假设我当时主动一点，跟他表白了，该多好啊"……但是，生活没有假设，只有结果。人生如一条小溪，只是一直地往前走、往前走，偶尔地回头，其实透着许多勉强的因素。所谓的"假如"，都偏离了现实，不值得你耗费心力，你目前得到的结果最真实，那都是你可以运用的资源。无论资源是否丰富，都可以切实为你所用。

3. 别在坏事上增添附加损失

坏事本来可以停在"1"，有的人却任由情绪驱使，让坏事像滚雪球一样，越滚越大，让"1"变成"10"，变成"100"……事后思量，十有八九会后悔莫及。

有一位女士，在单位被主管批评了几句，回家后，坐在那里生闷气，忘了做饭。丈夫回家后，随口问："饭做好没有？我都快饿死了！"女士没好气地说："我不是你的使唤丫头，凭什么给你做饭？"丈夫不知她在单位受了委屈，就跟她吵起来。两人吵到大半夜，搅得四邻不安。一个邻居按捺不住，使劲拍他们家的门：“你们要是不嫌累，干脆闷声打一架，吵什么吵？再吵就报警了！”两人这才相互按下火气，暂时休战。

第二天是公休日，公婆过来看儿子、媳妇。女士心想：“老公无理取闹，一点不知体谅人，都怪这两个老东西没有教育好。”心里这样想，说话就没有好态度，不一会就把公婆气走了。丈夫是个孝子，又跟她吵起来，最后吵到闹离婚，经亲朋好友劝解才和好。

在单位挨批评，确实是很没面子的事，也没什么大不了。就算它是一团火，悄悄灭掉就行了。用这团火点燃一堆柴，引发一场战场，显然是附加损失。最后连累公婆受气，附加损失就更大了。闹到要离婚，更是夸张。

在生活中，任何人都无法完全回避蒙受精神的、物质的损失，但你至少可以把损失控制在它本有的范围，不让损失扩大化。

读石油版书，获亲情馈赠

亲爱的读者朋友，首先感谢您阅读我社图书，请您在阅读完本书后填写以下信息。我社将长期开展“读石油版书，获亲情馈赠”活动，凡是关注我社图书并认真填写读者信息反馈卡的朋友都有机会获得亲情馈赠，我们将定期从信息反馈卡中评选出有价值的意见和建议，并为填写这些信息的朋友**免费**赠送一本好书。

幸福女人要懂的点金术

1. 您的年龄:20 岁以下□　20－30 岁□　30－40 岁□　40 岁以上□
2. 您的文化程度:大专以下□　本科以上□
3. 您购买本书的动因:书名、封面吸引人□　内容吸引人□　版式设计吸引人□
4. 您认为本书的内容:很好□　较好□　一般□　较差□
5. 您认为本书书名反映内容的程度:很高□　较高□　一般□　较差□
6. 您认为本书在哪些方面存在缺陷:内容□　封面□　装帧设计□
7. 您认为本书的定价:较高□　适中□　偏低□
8. 您对本书的综合评价

____

您的联系方式:

姓名____________

单位____________　邮政编码____________

地址____________　电话____________

手机____________　E－mail ____________

回信请寄:北京市朝阳区安华西里三区 18 号楼　石油工业出版社有限公司 1105 室大众图书出版中心　收　邮政编码:100011

电子邮箱:petropub@163. com